Hrsg: Roger Monnerat

Elisabeth Kulmanns

Gedichte

1. Anakreons Oden
2. Der Blumenkranz
3. Korinnens Gedichte

Neuauflage in lateinischer,
statt gotischer Schrift

Bibliografische Information der Deutschen Nationalbibliothek: Die Deutsche Nationalbibliothek verzeichnet diese Publikation in der Deutschen Nationalbibliografie; detaillierte bibliografische Daten sind im Internet über http://dnb.dnb.de abrufbar.

Herstellung und Verlag:
BoD – Books on Demand, Norderstedt

ISBN: 9 783756 840922

Poetische Versuche

Erster Theil

Ihrer Majestät der allergnädigsten
Kaiserin Elisabeth Alexiewna

Hätt' ich der großen Meister
Des Alterthumes Gabe,
Den Pinsel des erhabnen
Apelles oder Zeuris;
Ich brächte, gleichenlose
Monarchin ! dir von allen
Holdseligen Gestalten
Die schönste dar, dein eignes
Huldvolles Bild. Ich wüßte
Kein würdigeres Opfer.

Doch mir ward weder diese,
Noch manche andre Gabe,
Wie sie das Herz sich wünschte;
Nur eins ward mir zu Theile:
Gefallen an der Dichter Erhabenen
Gesängen, Und tiefes Nachempfinden
Der Leiden und der Wonnen,
Die sie mit gleicher Stärke
Empfunden und gesungen.
Doch fließt Wonnen,
Die sie mit gleicher Stärke
Empfunden und gesungen.
Doch fließt in meinem Herzen
Bis jetzt noch keine Quelle
Von eignen, unentlehnten

Gedanken. Darum wag' ich's,
Uralter Musensöhne
Harmonische Gesänge
In minder sanften Tönen
Einstweilen nachzuahmen,

So wag' ich jept' die schönsten,
Bewundertesten Blumen
Anakreons von Boden
Zu Boden zu verpflanzen,
Und an den nord'schen Himmel
Allmählig zu gewöhnen.
Ich weiß, daß sie an Glanze
Und Dufte viel verlieren.
Doch wie weit meine Blumen
Den prächtigen des Griechen
Auch nachstehn; nimm mit deiner
Gewohnten Huld, Monarchin!
Die Blumen an, als Früchte
Von meinen Kinderjahren.

Anakreons Oden, 1. Heft

Auf die Leier.

Ich möchte die Atriden,
Ich möchte Kadmos singen ;
Der Leier Saiten aber
Ertönen nur von Liebe.
Jüngst ändert' ich die Saiten,
Und änderte die Leier,
Und selbst sang ich die Kämpfe
Des Herkules; die Leier
Thönt aber lieb' entgegen.
So lebt denn wohl auf immer,
O Helden! denn die Leier
Will nur von Liebe tönen.

Auf die Weiber

Natur gab Stieren Hörner,
Und Rossen ihre Hufe
Schnellfüssigkeit den Hasen
Dem Leun den Schlund voll Zähne,
Dem Fische seine Flossen
Dem Vogel seine Flügel
Dem Manne gab sie Weisheit.
Da blieb nichts mehr dem Weibe.
Was gibt sie ihr denn ? — Schönheit,
Statt aller festen Schilde,
Statt aller spitzen Lanzen;
Und die da schön ist sieget
Leicht über Schwert und Flamme.

Auf Eros

Einst zur mitternächt'gen Stunde,
Wann die Bärin nach der Hand hin
Ihres Führers sich schon wendet,
Und die Menschenstämme alle
Schon, vom Schlaf besieget, ruhen;
Stand vor meiner Wohnung Eros,
Heftig pochend an die Thüre.
Wer, so sprach ich, pocht da draußen?
Und verscheuchet meine Träume ?
Da sprach Eros: Mach', ich bitte,
Auf, ich bin ein Kind, befürchte
Nichts, ich bin durchnäßt, und habe
Mich in finstrer Nacht verirret.
Voll Erbarmen bei den Worten,
Zünde schnell ich wieder Licht an,
Öffne dann die Thür, und sehe,
Traun, ein Kind, das einen Bogen,
Flügel trägt und einen Köcher.
Eilig setz ich es zum Herde,
Wärm' in meinen Händen emsig
Seine Händlein, und entdrücke
Seinem Haar die kalte Nässe.
Jetzt, da ihn der Frost verlassen,
Laß mich, sprach er, meinen Bogen ,
Doch versuchen, ob die Sehne
Von der Nässe nicht gelitten;
Spannet ihn, und bohrt das Herz mir
Wund, gleich einer Wespe Stachel;
Hüpfet dann mit lautem Lachen:
Gastfreund, spricht er, freu' dich mit
mir,   Unbeschädigt ist mein Bogen;

Doch dein Herz ist wohl verwundet!

Auf eine Schwalbe

Wie soll ich dich nun strafen,
Du plauderhafte Schwalbe ?
Willst du dass ich das leichte
Gefieder dir beschneide ?
Soll ich wie jener Tereus
Gethan mit Philomelen
Der Zunge dich berauben ?
Warum hast, durch dein frühes
Gekreisch, aus schönen Träumen
Du mir Bathyll entführet ?

Auf eine Taube

O anmuthsvolle Taube,
Woher kommst du geflogen ?
Woher nahmst du die Düfte,
Die du, die Luft durcheilend
Rings athmest und verbreitest ?
Wer bist du ? und was willst du ? —

Anakreon entsandte
Mich zu Bathyil, dem schönen,
Der jetzo alle Herzen
Gewinnet und beherrschet.
Ihm überließ mich Cypris,
Ein kleines Lied belohnend;
und seit der Zeit bedien' ich
Anakreon nach Kräften ;
und jetzo, wie du siehest,
Bestell' ich seine Briefe.
Auch will zum lohn' in Bälde

Er mir die Freiheit schenken.
Doch wenn er mich auch frei läßt,
Bleib' ich bei ihm als Sklavin.
Denn was soll ich da fliegen
Auf Bergen und auf Fluren,
Und mich auf Bäume lagern,
Von wilder Kost mich nährend ?
Da ich jetzt Brot genieße,
Das ich den eignen Händen
Anakreon's entwende.
zu trinken gibt er selbst mir
Den Wein, den er gekostet.
Dann fang' ich an zu tanzen,
Beschatte den Gebieter
Auch wohl mit meinen Flügeln.
Die Nacht durch aber schlummre
Ich über seiner Leier.
Nun weißt du alles: geh' nun!
Du machtest mich mehr schwatzen,
O Mensch, als eine Elster.

Auf sich selbst

Es sagen mir die Weiber:
Anakreon, du alterst;
Nimm und besieh im Spiegel,
Wie viel dir Haare fehlen;
Wie deine Stirne kahl ist.
Ob viel von meinen Haaren
Noch da sind, oder nicht sind,
Das weiß ich nicht; nur weiß ich,
Es müsse um so mehr sich
Der Greis des Lebens freuen,
Je näher ihm die Parze.

Auf sich selbst

Du singest Thebens Kämpfe,
Und du der Phryger Schlachten;
Ich meine Niederlage.
Nicht Fussvolk, Reiter, Schiffe
Besiegten mich; ein Heer war's
Ganz neuer Art, das rastlos
Aus schönen Augen herschoß.

An eine Grille

Selig preisen wir, o Grille,
Dich, wenn du von hohen Bäumen,
Etwas Thau nur kostend, ähnlich
Einer Königin, uns singest.
Denn dein eigen ist ja alles,
Was du auf den Fluren siehest,
Was die Waldungen erzeugen.
Du, des Ackermannes Freude,
Weil du keinem etwas schadest;
Du, den Sterblichen willkommen,
Weil den Sommer du verkündest;
Wirst geliebet von den Musen,
Wirst geliebt selbst von Apollo
Der den sanften Laut dir schenkte.
Dich entstellet nicht das Alter;
Weise, erdentstammt, gesangfroh,
Frei von Schmerzen, frei von Blute,
Gleichst du beinah den Göttern.

An eine Schwalbe.

Du liebe treue Schwalbe,
Die alle Jahre kehret,
Du baust dein Nest im Sommer,
Im Winter weilst du ferne
Am Nile und um Memphis.
Doch Amor bauet rastlos
Sein Nest in meinem Herzen.
Ein Amorlein ist flügge,
Ein andres noch im Eie,
und dies halb ausgekrochen.
Das Lärmen nimmt kein Ende
Bei diesen gier'gen Jungen.
Die schon erwachs'nen nähren
Die kleinen Amoriden ;
Kaum sind sie auf den Beinen,
So denken sie an's Nisten.
Wie soll ich mir nun helfen?
Ich kann so viele Amorn
Nicht aus dem Herzen stoßen!

Auf Eros

Die Musen banden Eros
Mit Kränzen einst, und führten
Gefangen ihn zur Schönheit.
Und jetzo sucht Cythere,
Die reiche Lösung tragend,
Den Eros auszulösen.
Doch ließ auch einer frei ihn
Er wollte nicht und bliebe:
Denn ihm gefällt's als Sklave.

Auf Eros

Einst sah auf Rosen Eros

Ein leiseschlummernd Bienchen
Erst als in den Finger, und kreischte.
Ihn stach. Da schlug die Hände
Zusammen er, und kreischte.
Gelaufen und geflogen;
Kam er zur holden Cypris:
Ich bin verloren Mutter !
Verloren und ich sterbe !
Es stach mich eine Schlange,
klein und mit Flügeln, welche
Die Pflüger Biene nennen —
Da sprach sie: Wenn der Stachel
Der Biene schon so schmerzt,
Wie schmerzen nicht die Pfeile,
O Amor, die du verschiessest ?

Auf Amors Pfeile

In Lemnos Feuer-Essen
Formt Cythereens Gatte
Der Liebesgötter Pfeile
Aus wohlgewähltem Eisen.
Die Spitzen tauchet Cypris
In Honig, aber Amor
Vermischt ihn erst mit Galle.
Einst kehrte Mars vom Kampfe,
Die schwere Lange schwingend,
Und lacht der Pfeile Amors.
Doch dieser hier, sprach Amor,
,,Ist schwer: gleich wirst du's fühlen."
Mars fühlt den Pfeil im Busen;
Und Cytherea lächelt.
Da sagte Mars lautseufzend : Wohl
schwer! o nimm ihn wieder!
Behalt' ihn nur, sprach' Amor.

Kampf mit Amor

Ich werd', ich werde lieben,
Mir rieth zu lieben Amor;
Ich unverständ'ger aber
Gehorchte nicht dem Rathe.
Da faßt er schnell den Bogen
Und seinen goldnen Köcher;
Und fordert mich zum Kampfe.
Da werf ich um die Schultern
Den Panzer, wie Achilles,
Ergreife Schild und Lanze,
Und schreite gegen Amorn.
Er schießt; ich aber fliehe.
Und als die Pfeil' ihm fehlten,
Ergrimmet er und schwinget
Sich selbst anstatt des Pfeiles;
Und mitten in das Herz mir
Dringt er, und setzt's in Flammen.
Was soll ich mit dem Schilde?
Wozu der Streit von außen,
Da in mir schon der Kampf glüht?

Anasia's Bild

Auf, o trefflicher Maler !
Mal' o trefflicher maler !
Du in Rhodus Kunst ein Meister,
Male du, wie ich dir sage,
Mir der Herrscherinnen schönste.
Male mir zuerst die Haare
Seidenweich und glänzenddunkel,
Schönbegränzet von dem Haupthaar,

Das in Locken niederwallet,
Strahle, Lilien gleich, die Stirne.
Und, ist es dem Pinsel möglich,
Maie sie mir düfteathmend.
Nun die Augenbrauen mußt du
Weder theilen, noch vermischen;
Lasse sie, so wie die ihren,
Unbemerkbar sich verlieren:
Schwarz sei ihrer Wimper Bogen.
Aber jetzt aus reinem Feuer
Bilde mir ihr schönes Auge,
Wie Minervens Aug' azurblau,
Mildelächelnd wie Cytherens.
Jetzt beginnst du Nas und Wangen;
Nun so mische Milch mit Rosen.
Doch die Lippen, traun, ich weiß nicht,
Wie du sie wirst malen können :
Voller Anmuth, voller Liebreiz ;
Kurz, du mußt die Kunst besitzen,
Daß selbst schweigend sie noch reden.
Laß das zarte Kinn, und ihren
Blendendweißen Hals, o Künstler,
Alle Grazien umschweben.
Hüll' jetzt ihren schönen Körper
In der Herrscherinnen Purpur,
Etwas Haut nur laß enthüllet,
Zum Beweise ihrer Zartheit.
Nun nicht weiter! denn schon seh' ich
Sie! und bald hör' ich sie reden!

An Anakreon

Anakreon, du zürnest?
Ich sah dich heut im Traume,
Das Aug' von Zorne glühend,

Unwillen und Verachtung
In allen deinen Zügen,
Als hätt' ich einen Tempel
Mit frevler Hand entweihet.

Es war, ich selbst gesteh' es,
Ein zu kühn Unternehmen,
Der Grazien Gesänge,
Die ihrem liebsten Priester
Sie selber eingegeben,
Teutonen erst, dann Scythen
In Tönen zu vertrauen,
Die, lieblichster der Sänger,
Den deinen so weit nachstehn,
Als Hellas ewig klarem,
Von Nachtigallgesängen
Und Rosenduft erfülltem,
Belebenderem Äther
Der wolkenschwere Dunstkreis
Des sturmdurchheulten Norden.
Doch hör ' auch meine Gründe.
Das jüngste Kind von einem,
Der Mutter dieses Reiches
Und ihrem Sohn und Enkel
Mit russischtreuem Herzen
Ergebnen, und in Kämpfen
Nicht thatenlosen Krieger,
Bin ich die jüngre Schwester
Von sieben Brüdern, welche
In jammervollen Zeiten
Für Vaterland, Altäre

und den Beherrscher fochten,
Es fielen die vierältsten,
Den jüngeren ein Beispiel,
In ruhmgekrönten Schlachten.
Denn nur zwei Wege führen
Zum Ruhm. Entweder lasse
Im Kampf das süße Leben;
Oder verleb' im Dienste
Der Musen deine Tage,
Gleich Besta's Priesterinnen
Mit unabläß'gem Eifer
Die Flamme der vom Himmel
Verliehenen Talente
Mit heil'gen Händen nährend.

Du selbst erfochtst in Schlachten
(Beweis dein Kampf mit Amor)
Nur wenig Ruhm. Und ich dann ,
Ein furchtsam schwaches Mädchen
Nicht allen gibt der Himmel
Den Muth der Wowelina.

So lass unangefeindet
Du denn auf deinen Spuren
Mit Müh ' empor mich streben
Zum Heiligthum des Ruhmes,
In welchem, einem Gott gleich,
Unalternd-schön du thronest.

Und jetzt bedenke selber,
Wie viel dir eines Mädchens
Erkühnen Vortheil bringet.
In deinem Erdenleben
War eines schönen Weibes,
War eines holden Mädchens
Beifallend Lächeln mehr dir
Als Krösus goldne Schätze.
Wirst du denn jetzo minder
In den anmuth'gen Hainen
Elysiums dich freuen,
Wenn du vernimmst, daß liebend
Nun alle holden Mädchen,
Und alle schönen Frauen
Rutheniens dich lesen?
Und wisse, daß an Schönheit
Sie den Achaierinnen,
Durch dich und durch Homeros
So sehr berühmt, nicht weichen;
Und geistreich und gefühlvoll
Und lebhaft sind, trotz ihrer
Unfreundlich rauhen Heimath,
Halbjahres-langen Nächten
Und sonnenarmen Tagen.

Umsonst hast du mir, Lieber,
Gezürnt. Du weißt, der Tempel
Der Grazien erhebt sich,
Und du, ihr Priester, wohnest
In einer menschenleeren

Und unzugangbar wilden
Einöde. Wer von meinem
Geschlechte würd ' es wagen ,
Zuerst durch dichtes Buschwerk,
Beinahe undurchdringlich
(Sie nennen es Grammatik),
Sich mühsam durchzuringen ?
Dann durch und über Felsen,
Die hier den Einsturz drohen,
Dort' tückisch unterm Fuße
Entweichen (Eregesis,
So heißt der Ort des Grauens),
Sag ', würd ' es e ine wagen ,
So schwierig und gefahrvoll
Die Wonne zu erkaufen,
Um Wohlaut deiner Lieder
Und ihrem zarten Sinne
Ihr Ohr und Herz zu weiden?

Wie manchen frohen Luftgang
Hab'ich dir aufgeopfert!
Du bist'des Opfers würdig;
Doch hab' ich fünfzehn Monde,
Ein dreizehnjährig Mädchen,
Mit allen Mühesalen
Des Wegs gerungen, immer
sechs Tag' ohn' allen Beistand,
Um siebenten zur Seite
Des wegekundgen Führers.
Nicht ohne List und Mühe
bemeistert' ich die Drachen,

Die mir den Eingang wehrten
Zu deinen goldnen Früchten.

Und sage, guter Alter!
Warum besangst von allen
Bewohnern des Olympos
Du Bacchos nur und Eros?
Nicht wahr, weil sie das Leben
Am meisten dir verschönten?
Auch ich, geliebter Sänger,
That, was ich that, um dankbar
Zu sein. Es sind nicht immer
Der Menschen Lebenstage,
Anakreon, wie deine,
Mit Rosen überstreuet;
Dem Guten selbst wird oftmals
Ein schweres Loos zu Theile.
Wir lebten, meine Mutter
Und ich, in tiefem Mangel,
(Des Vaters Augen hatten
Der Sonne sich geschlossen)
In niedrer kalter Hütte,
Bei karger Gluth des Herdes.
Da sandte sie, die alles:
Ernährende wie Ceres,
Uns Hülfe in der Armuth,
Und gute Menschen folgten
Dem Beispiel der Erhabnen.
Als nun ein Gott die Zunge
Mir lösete, wie sollte

Die Erstlinge von meinen
Gefühlen und Gedanken
Ich ihr nicht bringen? Richte
Du selbst. Und doch, was konnte,
Das ihrer würdig wäre,
Ich der Erhabnen sagen?
In dieser Enge suchte
Ich Rath bei dir, und glaubte
Von deinen Honiglippen
Die Worte zu vernehmen:
Sieh, ob dir's nicht Anassens
Anmuthig Bild in deine
Nun freilich rauhe Sprache
Gelingt zu übertragen.
Es gleicht das Bild zum Täuschen.
Was könntest der Erhabnen
Du Würdigeres reichen
Als ihr getreues Abbild?

Anakreons Oden, 2. Heft

An die Freunde

Die Erde trinkt die Wolken;
Es trinkt der Baum die Erde ;
Es trinkt das Meer die Flüsse;
Die Sonne trinkt das Weltmeer ;
Es trinkt der Mond die Sonne.
Was wehrt ihr mir, o Freunde,
Will ich auch einmal trinken?

Das sorglose Leben

Was kümmern mich die Schätze
Des Sarderkönigs Gyges?
Nie folterte mich Ehrsucht,
Nie neidete ich Herrscher.
Ich sorge nur mit Düften
Die Locken zu bethauen;
Ich sorge nur mit Rosen
Die Schläfe zu bekränzen;
Ich sorge nur für heute;
Denn wer steht mir für morgen?

An eine Schöne

O fliehe nicht beim Anblick
Von diesen weißen Haaren!
Noch, weil auf deinen Wangen
Der Jugend Blume blühet,
Verschmähe meine Liebe!
Sieh, wie in diesen Kränzen
In schöner Rosen Mitte
Die weiße Lilie pranget!

Auf einen Greis

Ich liebe frohe Greise,
Und liebe junge Tänzer ;
Doch wenn ein Greis noch tanzet,
So ist an Haar ein Greis er,
Doch an Gemüth ein Jüngling.

Auf die Liebe

Eine Qual ist's, nicht zu lieben,
Eine Qual auch ist's, zu lieben ;

Doch die größte aller Qualen
Ist wohl ungeliebt zu lieben.
Adel frommt nicht in der Liebe,
Weisheit, Sitte wird verhöhnet,
Gold allein nur wird geachtet.
Untergang dem, der der erste
Liebe zu dem Golde fühlte! "
Gold verdrängte Bruderliebe,
Gold verdrängte Elternliebe;
Ihm verdanken Krieg und Mord wir;
Und das Schlimmste ist, es brachte
Gold uns liebenden Verderben.

An eine Schöne

Einst wurde Tantals Tochter
Zu Stein im Phrygerlande;
Einst flog Pandions Tochter
Als Schwalbe durch die Lüfte;
Könnt ich zum Spiegel werden,
Daß du stets in mich blicktest;
Könnt' ich zum Kleide werden,
Damit du stets mich trügest;
O würd' ich zu Gewässer,
Um deinen Leib zu baden;
O würd' ich, Weib, zu Düften,
Um dir vom Haupt zu träufeln ;
Zur Schleife für den Busen,
Zur Perlenschnur am Halse,
Könnt ich zur Sohle werden,
Daß stets dein Fuß mich fühlte.

Auf eine silberne Schale

Bearbeite dies Silber,

Hephästos, mir, und mache
Nicht eine volle Rüstung
(Denn was hab' ich mit Schlachten
Zu thun), nein, einen Becher,
So hohl und tief als möglich.
Und bilde drauf nicht Sterne,
Noch Wogen, noch den bösen
Verheerenden Orion.
Was kümmern die Pleiaden,
Was kümmert mich Bootes?
Nein, bilde du mir Reben
Und Trauben rings an ihnen,
Und lesende Mänaden;
Dann bilde mir ein Weinfaß,
Worin, aus Gold, gemeinsam
Mit dem anmuth'gen Bakchos,
Bathyll und Eros stampfen.

Auf einen Traum

Nachts auf Teppichen von Purpur
Schlummernd, und von Dionysen
Sanft erwärmet, kam im Traume
Mir es vor, als ob mit holden
Mädchen schnell ich in die Wette
Auf der Zehen Spitzen liefe.
Aber mich verfolgten Knaben,
Mädchengleicher noch als Bakchos,
Mich mit Stachelreden quälend
Wegen jener Schönen. Als ich
Sie durch Küsse nun zum Schweigen
Bringen wollte, flohn sie alle.
Wach und einsam, o wie gerne
Wär ich wieder eingeschlummert!

Auf einen Traum

Flügel hatt' ich an den Schultern,
Und lief schnellen Laufs, so träumt'ich.
Amor aber, Blei an beiden
Zarten Füßen schleppend, strebet
Mich zu haschen und erreicht mich.
Was mag dieser Traum bedeuten?.
Ich (so ahnt mir), den so viele
Amorn stets bestürmen, werde
Allen anderen entrinnen,
Diesem aber unterliegen.

Auf sich selbst

Wenn der Jugend Reihn ich sehe,
Kehrt mir meine Jugend wieder,
Und ich grauer Alter fühle
Mich zum Tanze wie beflügelt.
Harre meiner, o Cybele!
Gib, ich will mein Haupt bekränzen.
Weg von mir, du graues Alter!
Tanzen will ich, jung mit jungen.
Reich' mir einer von dem Safte
Der dem Weingott heil'gen Rebe,
Daß des Greises Kraft sich zeige,
Er ein Meister im Gespräche,
Er ein Meister bei Gelagen,
Er ein Meister sanft zu rasen.

Auf die Rose

Laß den schönbekränzten Lenz uns
Singen und die zarte Rose !
Freundin, du mußt mit mir singen.

Denn sie ist der Götter Odem,
Ist der Sterblichen Entzücken,
Ist der Schmuck der Huldgöttinnen
In der Liebe Blüthetagen;
Ist das Spielwerk Aphroditens.
Rosen sind das Lied des Dichters,
Sind der Musen Lieblingsblume.
O der Lust, in weichen Händen
Auf dem dornbesetzten Pfade
Sie erwärmend, einzuschlürfen
Ihres Kelches Nektardüfte !
Wie das Licht, ist sie willkommen
Bei Gelagen und bei Mählern
Und bei Dionysen Festen.
Überall findst du die Rose.
Eos mit den Rosenfingern,
Nymphen mit den Rosenarmen,
Rosenfingerig ist Eos,
Rosenarmig sind die Nymphen,
Cypris mit den Rosenwangen,
Singen so nicht alle Dichter?
Rosen schützen uns vor Schmerzen,
Rosen steuern der Verwesung,
Rosen sehn der Zeit wir trotzen,
Und ihr anmuthvolles Alter
Streuet noch der Jugend Düfte.
Laß mich ihren Ursprung singen.
An dem Tage, wo des blauen
Meeres Perlenschaume Cypris
Sich entschwang, und Zeus Kronion
Den Bewohnern des Olympos
In der vollen Rüstung Glanze
Dich, die Kriegesgöttin, zeigte ;
Da entfaltete die Erde

Holder Rosen neuen Samen,
Ein entzückensvoller Anblick!
Und die Schaar der sel'gen Götter,
Daß der Reim zur Rose werde,
Sprengt mit Nektar ihn; und herrlich
Hob sich aus der Dornen Mitte
Bakchos gleichenlose Blume.

Der Blumenkranz

Ihrer Kaiserlichen Hoheit
der Allerdurchlauchtigsten Großfürstin
Alexandra Feodorowna

Der Lorbeer

Ein Zweig aus Tempe's Fluren
Von jenem Lorbeerbaume,
In den an Peneus Ufer
Jüngst Daphne sich verwandelt,
Erwuchs, von Phöbus Händen
Verpflanzt, zunächst an Delphi's
Mit Pilgern stets erfülltem,
Prachtvollem Heiligthume.

In voller Jugendschöne,
Weitschattend und erhaben,
War er Apollo's Freude:
Da fing er an zu welken.

Bekümmert tränkt ihn täglich
Der Gott mit klarem Wasser,
Das er Kastaliens Quelle
Entschöpfend selbst herbeiträgt.
Der Lorbeer welkt nicht minder.

Da sprach Apollo trauernd:
So hoch das Herz mir wallet
Beim Anblick dieser Völker,

Die von der Erde Gränzen
Zu meinem Tempel strömen,
Mit Blumen ihn bestreuen,
Und dankbar ihn bereichern;
So sehr, o Baum, erfüllet
Jetzt Gram mich, da ich sehe,
Wie deine Schönheit schwindet.
Sag' mir, was ist die Ursach
Der traurigen Verändrung?

Da sprach der Baum: Vergib mir,
Ich aber sterb' aus Neide.
Ich seh des Tempels Estrich,
Ich seh' des Tempels Säulen, Ich sehe
die Altäre, Selbst deine heil'gen Füße
Mit Rosen, Mohn und Veilchen
Bestreuet und umwunden; Ich messe
mich an Schönheit Mit keiner dieser
Blumen; Doch kann ich auch nicht
neidlos Den Anblick ihres Glückes
Und deiner Gunst ertragen. —

War's dieses? sprach Apollo.
Wenn aber ich von heute
Durch alle Folgezeiten,
O Baum, mit deinem Laub nur
Mein göttlich Haupt bekränze;
Und keine andern Kronen
Die stolze Stirn der Sieger
In meinen Spielen schmücken;
Wirst du dann leben wollen?

Wie bei des langentfernten
Geliebten unverhoffter

Zurückkunft auf den Wangen
Der trauernden Verlobten
Nun plötzlich höh're Röthe
Sich zeiget; so durchströmet
Den Lorbeer neues Leben,
Und seit dem Tage sah man
Ihn nie mehr wieder welken.

Die Rose

Gelang es Prometheen
(Sprach zu sich selbst einst Cypris)
Aus Thone seinen Menschen
Zu bilden, und mit einem
Der Sonn' entlehnten Funken
Das Leben ihm zu geben;
Warum gelänge mir nicht
Ein ähnlich Unternehmen?
Hab' ich doch an der Seite
Des Gatten oft gestanden,
Wenn er leblose Massen
Durch Künstlersinn und Feuer
In göttergleiche Wesen
Umwandelt. Und ist ihm es
Holdselige Gestalten
Zu formen nicht unmöglich,
Sollt' ich, die Schönheitsgöttin,
Nichts Holdes bilden können ?

Da sammelt sie mit Auswahl
Aus allen Bienenkörben
Der blumenreichen Rhodos
Das reinste Wachs, befeuchtet

Mit Nektar es, und schmeidigt
Das duftendschöne Ganze
Mit zarten Götterhänden.
Jetzt aus geheimer Lade
Nimmt sie den Schatz von Farben,
Die ehmals ihr Aurora
Geschenkt, und die zum Schmucke
Die Göttin selbst erfunden.
Dann läßt sie sich am Rande
Des klarsten Teiches nieder,
Und, ihre eignen Züge
Mit süßem Wohlgefallen
Nachbildend, ahmt sie glücklich
Die blendendweiße Stirne,
Die jugendlichen Wangen,
Den liebewarmen Mund nach.
In goldnen Wellen strömet
Das Haupthaar auf den Nacken
Hernieder, und umhüllet
Den götterschönen Leib, wie
Mit einem goldnen Mantel.

Da steht ihr gleichend Abbild
In herrlicher Vollendung;
Ihm fehlet nur noch leben.

Es nah'n der Göttin Lippen
Dem regungslosen Bilde,
Ihm Leben einzuhauchen.

Doch oft wird selbst den Göttern

Ein heißer Wunsch vereitelt.
Es war nicht Cythereen
Bestimmt, das Weib zu schaffen.

Mit traurigem Erstaunen
Sieht sie den schönen Körper
Zu einem ungestalten
Und rauhen Stamm verschrumpfen;
Die Pracht der goldnen Locken
In grünes Laub sich wandeln,
Und an des Hauptes Stelle
Sich eine Blum entfalten,
Doch von so hoher Schönheit,
Doch von so zarten Farben,
Und mehr als Nektardüften,
Daß, wie sie auch betrübt war,
Sie dennoch eines Lächelns
Sich nicht erwehren konnte
Bei dem Gedanken: Sie sei
Die Schöpferin der Rose.

Das Veilchen

Mit Wonne sah Cythere
Die jüngstgeschaffne Rose
Auf Rhodus blumenreichen
Gefilden herrlich prangen;
Da fiel ihr ein, die Rose
Nach Paphos zu verpflanzen.
Von ihren holden Töchtern,
Der scherzenden Thalia,
Der sanften Pasithea
Und fröhlichen Aglaja

Begleitet, eilt zu allen
An Rosen' reichen Stellen
Sie ihrer Roseninsel,
Wie Rhodus nun sie nannte,
Und wählet zum Verpflanzen
Die schönsten, vollsten Knospen.

Da sprachen zu Cytheren
Die Grazien: Die Rose
Ist deine Lieblingsblume;
O laß auch uns jetzt jede
Sich ihre Lieblingsblume
Aufsuchen, und nach Paphos
Zu gleicher Zeit verpflanzen.
Denn meine sah ich nirgends
Auf Paphos (sprach Thalia);
Noch ich die meine
(sagte Aglaja schnell einfallend);
Und meine blüht hier schöner
Als je ich sie auf Paphos
Gesehn (sprach Pasithea).

Cythere billigt lächelnd
Den Wunsch und schnell zerstreun sich
Die Huldgöttinnen. Cypris,
Die ihren heil'gen Garten
Auf Paphos schon mit Rosen
Erfüllet sieht, harrt ihrer
Beim goldnen Muschelwagen,
Die ungeduld'gen Schwäne,
Wie kaum gefallner Schnee weiß,
Mit Rosenhänden streichelnd —

Den Wagen und die Göttin
Erblickt von fern, lautseufzend,
Die Sängerin der Fluren
Und ihr Entzücken, eine
Grasmücke, und enthüllet
Des Herzens tiefen Kummer,
Zu einem nahen Veilchen
Gewandt, in diesen Worten:
Erblickest du, o Freundin,
Auf jener fernen Höhe
Der Liebesgöttin Wagen,
Der Sonne gleich an Glanze ?
Bemerkst du, wie die Göttin
Liebkoset ihren Schwänen ?
Sieh, einer Rosenlaube
Beinahe gleicht der Wagen,
So viele Rosen sehe
Ich allerseits ihn schmücken.
O Freundin! Cypris wählte
Zu ihren Lieblingsblumen
Die Rosen, und die Schwäne
Zu ihren Lieblingsvögeln;
Den Pfauen und die Tulpe ;
Die Königin der Götter
Der Schattenreichen Wälder
Beherrscherin Diana
Den Falken und die Nelke.
Nie hab' ich diese Vögel
Um ihren Rang beneidet;
Sie sind des Vorzugs würdig,
Der Pfau durch sein Gefieder,
Der Schwan durch seine Anmuth,
Durch Schnelligkeit der Falke.
Doch weichen sie mir alle
An Lieblichkeit der Stimme,

Wie dir die Blumen alle
An Lieblichkeit des Duftes.

Warum sind wir denn beide
Zur Dunkelheit verurtheilt ?

Dich täuschet deine Liebe,
Erwiederte das Veilchen,
Wenn du mich, süße Freundin,
Mit dir vergleichst. Mit dir, ja,
Mit dir wird sicher keiner
von allen Frühlingssängern
Sich messen im Gesange ').
Wie aber wagt ' ich's je mich
Zu messen mit der Rose
An Lieblichkeit des Duftes ?
Mit Recht hat sie Cythere
Zur Lieblingin erwählet:
Denn sie ist ihrer würdig,
Und über alle Blumen
An Schönheit so erhaben,
Als über des Olympos
Bewohnerinnen alle
Erhaben ist Cythere.

Ich aber lebe glücklich
Im sorgenfreien Schooße
Der mütterlichen Erde;
Zu niedrig, um beneidet
Zu werden, aber dennoch
So niedrig nicht, daß mich nicht
Die Hirtin vorzugsweise
Erwählte, wenn sie festlich
Zum Reihentanz sich schmücket.
Und hab' in meiner niedern

Und anspruchlosen Lage
Ich nicht der Sängerinnen
Gepriesenste zur Freundin,
Und scheine eines bessern
Geschickes ihr nicht unwerth ?

O wünsche nicht, was einmal
Erlanget, doch vielleicht dir
Nur Gram und Kummer brächte!
Ach! Freundin, wenn auch eine
Der Göttinnen dich wählte
Zur Lieblingin, dein wahres
Verdienst gerecht belohnend;
Was wird dein Loos sein? Mußt du
Die Tage deiner Größe,
Die zwangvoll- freundlos - bangen,
Nicht in der Näh'des Adlers,
Der stolz in starken Krallen
Zeus Donner trägt, verleben?
Und in der Näh' des Pfauen,
Des Günstlinges der Juno ?
Gewohnt, wenn du dein Lied singst,
Daß Flur und Quel und Waldung
Bewundernd still dir lauschen;
Gewohnt, daß in den Lüften
Verweilend Zephyr schwebe
Auf regungslosen Schwingen:
Sag', wirst du es ertragen,
Wenn dem entzückten Ohr du
Der Götter deine Zauber
In neuen Weisen hinströmst;
Daß, für dein Lied gefühllos,
Zeus Aar mit seinem Donner
Inzwischen raßle, oder
Der eitelfreche Günstling

Der Königin der Götter
Durch vorbedachtes Krächzen
Den Eindruck deiner Töne
Auf Augenblicke störe ?
Noch hast du deine Laufbahn,
O Freundin, nicht vollendet;
Noch kann, wie du es wünschest,
Und ich für dich es wünsche,
Ein günstiges Geschick dich
Den Göttern näher bringen:
Dann aber ist's auch möglich,
Daß du in deiner Größe
Dich oft zurücke wünschest
In diese niedre Lage.

So sprach das Veilchen. Jetzo
Seh'n plötzlich sie von ferne
Die muntere Thalia
Mit einem Arm voll Blumen,
Kornblumen däucht es ihnen,
Mit schnellem Schritt von einer,
Und von der andern Seite
Aglajen, eine Menge
Goldhyacinthen tragend,
Dem Wagen ihrer Mutter
Sich nah'n ; indessen langsam
Herwallend Pasithea
Sich ihnen selbst mehr nähert,
Rings um sich spähet, oft sich,
Doch stets vergeblich bücket,
Und eine Blumengattung
Zu suchen scheint, die selten
Vielleicht auf dieser Flur blüht.

Hier naht vielleicht dein Glück
(spricht das Veilchen zu der Freundin),
Erhebe deine Stimme,
Vielleicht wird dir noch heute
Dein höchster Wunsch erfüllet.

Begeistert von der Nähe
Der Göttin, und der Aussicht
Auf höhres Glück, begann jetzt
Ihr Lied in kühnen Tönen
Die Sängerin. Bewundernd
Lauscht und vergißt der Blumen
Die junge Göttin. Endlich,
Mit leisem Tritt dem Orte
Stets mehr und mehr sich nähernd,
Von wo die süße Stimme
Zu tönen scheint, erblickt sie
Auf einmal, froherstaunend,
Die Sängerin und ihre
So lange und vergeblich
Gesuchte Lieblingsblume,
Das Veilchen. Schöner blühest
Du hier, geliebte Blume,
(So sprach die sanfte Göttin)
Als ich dich irgend blühn sah.
Und Niemand wird dich tadeln,
O Sängerin, daß diese
Vor allen andern Blumen
Du dir erwählt. Zwar kehr' ich
Mit leerer Hand nach langem,
Vergeblichem Bemühen,

Der Schwestern Spott, zurücke ;
Doch mir ist es unmöglich,
Euch Freundinnen zu trennen.

Mit liebevollem Blicke
Betrachtet sie die Göttin
Noch einmal, und entfernt sich.

Da sprach das Veilchen leise
Zur Sängerin: Du trauerst,
Vielleicht wohl gar mir zürnend
Ob des verfehlten Zweckes.
Sag', kannst du dich entschließen,
Der Freundin Rath noch einmal
Zu folgen, der unfehlbar
Zum Ziele führt ? Entreiße
In Eile mich der Erde,
Und bringe mich der Göttin.
Gern bring' ich dir dies Opfer.
Nur eile.

Freudetrunken
Enthebet jetzt der Erde
Die Sängerin das Veilchen,
Und eilet raschen Fluges
Der Göttin nach, und flattert,
Mit allen Zaubertönen
Ihr Ohr und Herz bestürmend,
Um sie, bis sie die Blume
In ihren Krallen wahrnimmt,
Und tiefgerührt zu ihr spricht:

Komm, Sängerin ! und ruhe
Auf meiner Hand. Vergebens
Sollst du mir deine Freundin

Nicht abgetreten haben.
Ihr bleibet fortan beide
Um mich, du, Blume schmückest
Ausschliesslich meine Schläfe;
Und du, o Zauberkehle,
Begleitest unzertrennlich
Mich und die beiden Schwestern,
Nach eigenem Gefallen
Auf unseren Händen oder
Auf unseren Schultern schwebend.

Die Iris

Ein sanftes frommes Mädchen
Begann, so oft am Himmel
Sie Iris schönen Bogen
Erblickte, dieses Loblied:

Sei mir gegrüßt, o Iris,
Windschnelle Götterbotin,
Vermittlerin der Erde
Und des erhabnen Himmels!

Kaum winkt, um seinen Willen
Dir kund zu thun, Kronion;
So senkt sich schnell zur Erde
Die siebenfarbne Brücke.

Sie reicht von einem Ende
Des Himmels bis zum andern,
Und ruhet bald auf Bergen,
Bald auf des Meeres Wogen.

Kaum hast du sie betreten,

So heitert sich die Stirne
Des Äthers auf; es lachen
Auf's neue die Gefilde.

Als ob ein ganzer Himmel
Ambrosischer Gerüche
Mit dir herniederstiege,
Füllt Zauberduft die Lüfte.

Sei mir gegrüßt, o Iris,
Windschnelle Götterbotin,
Vermittlerin der Erde
Und des erhabnen Himmels!

So lang sie einst beim Anblick
Des farbenreichen Bogens,
Und sprach dann zu sich selber:

Oft hört' ich leute sagen,
Sie hätten sagen hören:
Man fände an der Stelle,
Mo Iris Farbenbogen
Der Erde Reich berühret,
Bald eine schöne Muschel
Von wundersamen Farben,
Bald eine schöne Schale
Vom allerreinsten Golde.
Nicht um der Schale willen
(Denn Göttern nur geziemet
Und Königen zu trinken
Aus Gold), nein, deshalb wünscht' ich
Den Ort einmal zu sehen,
Wo sich der Bogen senket,

Weil ich vielleicht doch irgend,
Wenn auch nur leise Spuren
Der Tritte finden würde
Von Iris Götterfüßen.
Die Stelle wär' mir heilig,
Dort würd' ich zu den Göttern
Mit größerm Eifer flehen,
Mich ihnen näher glauben.
Könnt ich von meiner Herde
Mich trennen, oft schon hätte
Selbst jene steilen Berge
Ich mühesam erstiegen,
Auf denen jetzt der Göttin
Prachtvoller Bogen ruhet.

So sprach sie, stets die Blicke
Geheftet auf den Bogen.

Der fromme Wunsch der Unschuld
Erreicht das Ohr der Götter.

Was seh' ich? Es gestaltet ,
Sich innerhalb des größern ,
Ein zweiter kleinrer Bogen,
Und ruht mit einem Fuße
Dort auf der Ebne Hügel,
Dem Lieblingssitze meiner
Getreuen Turteltauben ....
Da seh' ich sie, vom Glanze
Des Bogens aufgeschrecket,
Bereits hierher sich flüchten,
Um Schutz bei mir zu suchen.
Warum entflieht ihr, Närrchen,
Der herrlichen Erscheinung,

Die in der Näh' zu sehen
Schon Jahrelang ich wünsche ? ...
Doch was soll euer Girren,
Das laute, ungestüme?
Und wallet ihr nicht wieder
Denselben Weg zurücke?
Und seht allaugenblicklich
Euch nach mir um, und wartet ,
Ein Weilchen, stärker girrend,
Als wolltet ihr mir sagen,
Daß ich euch folgen möchte ?
Wohlan, ich will euch folgen.
Bleib', bis ich wiederkehre,
O Heerde, hier beisammen!

Sie folgte raschen Laufes
Dem Fluge ihrer Tauben
Bis an den Fuß des Hügels.
Da schwand mit einemmale
Der Bogen, ihr Entzücken.

Warum doch (spricht sie) hab'ich
Dort auch so lang gezaudert?
Wär' ich beim ersten Anblick
Herbeigeeilt, ich hätte
Den Bogen noch getroffen.... ,
Doch will ich jetzt die Stelle
Besehn, wo er geruhet.

Und sie erstieg den Hügel.
Wer aber kann die Wonne,
Die sie empfindet, schildern,
Als auf des Hügels Höhe,
Im lockern feuchten Sande,
Sie nun die zarten Spuren

Der Götterfüße sieht, und
In jeder Spur die Blume,
Die Iris Namen führet.

Die Amaranthe

Als nun die Thracierinnen
Den Gatten Eurydicens
Getödtet, und des Hebrus
Entsetzbensvollen Wogen
Des Sängers Haupt und Leier
Hohnlachend hingeworfen:
Da schwirrten unablässig
Von Phöbus finsterm Bogen
Die tödtenden Geschosse.
Es sanken Roß und Reiter,
Der Jagdhund bei dem Jäger,
Die Stiere mit dem Pflüger.
Und wie viel Opferblut auch
Versöhnende Altäre
Umfloß, und wie viel Wolken
Vergebung - fleh'nden Weihrauchs
Der Tempel Wölbung füllten;
Es wandten sich mit Zorne
Die Götter von den Frevlern.
Und erst nachdem in Leiden
Und Angst das Jahr verflossen,
Ward ihrem reu'gen Flehen
Von Delos Gott der Ausspruch:
So lang an Orpheus Grabe
Nicht Todtenopfer fallen,
So lange wird der Bogen
In Phöbus Hand nicht ruhen;

Die unzerstörte Leier,
Die neue Frühlingsstimme
Und die nie welke Blume
Entdecken euch die Stätte.

Mit schreckenbleichem Antlitz
Und fragender Geberde
Vernahmen sie den Ausspruch.
Jedoch des Gottes Worten
Vertrauend, rüsten eilig
Sie ein meerkundig Schiff aus,
Beladen es mit sorgsam
Erlesner Hekatombe,
Mit glänzender Verzierung
Der heiligen Altäre,
Mit goldnen Prachtgefäßen,
Mit köstlichen Gewanden
Und reichen Opfergaben.
Und als die heil'gen Priester
Und unschuldvolle Sänger
Das schnelle Schiff bestiegen,
Begleitet von den Wünschen
Der dichtgedrängten Menge:
Da stießen von dem Ufer
Die Ruderer, und regten
In abgemeßnen Schlägen
Die Silberfluth des Stromes.

So folgten sie, vom Anfang
Bis zu dem Untergange
Des goldnen Taggestirnes,
Dem Lauf des Stroms, an jeder

Nicht menschenleeren Stelle
Nach Orpheus Grabe forschend.

Es waren ihrem Forschen
Sechs nachrichtslose Sonnen
Schon auf und wieder unter
Gegangen; da erblicket
Ihr Aug', im Morgenglanze
Der siebenten, Doriskos
Unabsehbare Ebne,
Und ihres Junotempels
Weitschimmernde Umsäulung.

Nachdem sie fromme Gaben
Auf den Altar der Göttin
Gelegt, und ihr geflehet ;
Erwiedert ihren Fragen
Die Priesterin: Der Felsen,
Der ferne dort sich glänzend,
Doch mit bewölktem Haupte
Dem dunkeln Meer' enthebet,
Gleich einem Silberhelme
Mit stolzen Purpurfedern,
Er hing, noch vor zwölf Monden,
Zusammen mit dem Lande.
Da sah, von diesen Stufen,
Ich eines Tags (die Sonne
War schon ins Meer gesunken)
Ein menschlich Haupt, vom Rumpfe,
Getrennt, und eine Leier
(So schien es) von den Wellen
Mitleidig-sanft getragen.
Wenn ich nicht irr', entflohen
Dem todten Mund noch Seufzer ;
Doch deutlich war der Leier
Wehmüth'ger Klang zu hören.
So schwammen sie dem Meer zu.

Doch als sie jenem Felsen
Sich näherten, da sah ich
Den König der Gewässer
Sich aus der Tief' erheben.
Mit zornentflammten Blicken
und schauderhaftem Drohen
Hielt plötzlich er dem Strome
Den Dreizack vor, den Eingang
Des Meeres ihm versperrend;
Dieweil mitleidig-trauernd
Des Todten Haupt und Leier
Er an den Busen drücket,
und langsam dann den Felsen
Ersteigt, der laut erbebet
Vom Tritt des mächt'gen Gottes.
Und auf dem Gipfel weilt' er,
Bis Dämmerung allmählig
Mir seinen Anblick raubte.

Indessen wollen sichtbar
Des Stroms gehemmte Fluthen
Bis an den Saum der Ufer.
Doch Juno's Rache fürchtend,
Wenn er in diese Ebne
Sich wagte, grub die Nacht durch
Er links ein neues Bett sich.
Als vor der Morgenröthe
Erwacht, ich wieder hinsah,
Hatt' er bereits den Felsen
Vom Land getrennt, und strömte ,
Dem Meere zu mit klarer,
Geräuschlos-ebner Woge,
Die starken Riesenarme
Rings um den Hügel schlingend,
Der jetzt ein Denkmal schien, das

Von Neptuns eignen Händen
Erbaut, aus seinen Meeren
Weitsichtbar sich emporthürmt.
Zugleich erblickt mit Staunen
Mein Aug' ein neues Wunder.

Des Hügels Haupt, das waldlos
Sonst in die Lüfte ragte,
Schmückt jetzo eine Krone
Nicht selbst-entsproßner Lorbeern.
Doch bald verdrängt den Eindruck
Ein andres größres Wunder.

Vom Thor der Morgenröthe
Zum Gipfel dieses Hügels
Wölbt, ohne daß ein Gott sie
Erbauet oder stützet,
Allmälig eine Brücke
Sich leicht und kühn herüber,
Und spiegelt sich im Meere.
Kaum steht die Wunderbrücke
In herrlicher Vollendung,
Da nah'n aus des Olympos
Erhabnem Morgenthore
Die hohen Uraniden
Mit Zweigen in den Händen
In feierlicher Stille.
Den Zug eröffnet Iris,
(Es wallt im Morgenhauche
Ihr siebenfarbner Schleier),
Ihn schließt die holde Juno.
Sie wallen zu dem Hügel,
Der wie in Glanz gehüllet,
Von ihrer Nähe strahlet.
Was in des Lorbeerhaines

Geheimnißvollem Schooße
Geschah, wer kann es wissen?
Doch bald sah ich sie wieder
Die purpurfarbne Brücke
Zurück zum Himmel wallen.
Und als sie angelanget,
Da löset sich die Brücke
Vom Himmel ab und ziehet,
Allmählig sich verkürzend,
Und zum Gewölk sich bildend,
Zum Felsen sich herüber,
Ob dessen Gipfel seither
Unwandelbar es ruhet
Bei Tag und Nacht den Schiffern
Ein weitgeseh'nes Zeichen.
Doch keiner hat dem Rinnsal
Des neuen Stroms, noch selbst auch
Des alten linkem Ufer
Sich je genaht; so tief ist
Der Eindruck dieser Wunder.

So sprach sie und erweckte
In allen Herzen Hoffnung.
Und als dem Gott der Bogen
Demüthig sie geopfert,
Da folgten sie dem Strome
Ins Meer, am neuen Eiland
Hinschiffend, ob sie irgend
Um klippenreichen Ufer
Gefahrlos landen könnten.

Indessen sie zur Feier
Die Opferthiere schmücken,
Und dann sich selbst in reiche
Gewande hüllen; kündet

Der ausgesandte Bote
Der ungeduldigen Schaar an:
Er habe einen Fußsteig
Zum Lorbeerhain gefunden.

Da zogen sie voll Ehrfurcht,
Die einen fromme Lämmer
An Purpurbändern führend,
Die andern der Altäre
Prachtvolle Zierden tragend,
Die Krümmungen des Felsen
Hinan.

       Es hatten alle
Den Hain erreicht; da sahen
Die ersten einen schönen
Und weitvertieften Halbkreis
Von Rosenlorbeerbäumen.
Im Hintergrunde rauschte
Ein klarer Quell, und über
Dem Quell hing weit umschattend
Der königlichen Eiche
Laubüppiges Gezweige,
Und in dem tiefsten Schatten
Des Baumes schwebt die leier
Des Göttern-werthen Todten.

Ein Schrei der Freude meldet
Den andern die Entdeckung.

Als all' an diesem Anblick
Das bange Herz geweidet,
Da bauen sie von Rasen
Und schmücken zwei Altäre,
Umstellen dann den einen

Mit sieben schwarzen Schafen,
Der Todtengötter Opfer,
Und wehmuthsvoll ertönet
Des Sühngesanges Weise.
Es trinkt der Schooß der Erde
Das dunkle Blut der Opfer.
Da tönt (ein heiliger Schauer
Ergreift der Hörer Menge)
Die Leier von sich selber,
Und stimmet den Gesang an,
Womit der Götter Segen
Oft Orpheus im Leben
Den Sterblichen erflehte.
Wie Stimmenklang begleitet
Der Quell den Ton der Leier.
Sie sehen aus den Tiefen
Des sanftbewegten Meeres
Die grausen Ungeheuer
Auftauchend sich auf Klippen
Am Fuß der Insel lagern,
Und mit erhobnen Häuptern
Dem Zauberklange lausden.
Des Meeres Wellen schlagen
Harmonisch an's Gestade

Nun nicht mehr an des Todten
Versöhnung zweifelnd, opfern
Jetzt auf dem zweiten Altar
Sie ihm, wie einem Halbgott,
In goldenen Gefäßen
Milch, dunkeln Wein und Honig,
Und flehen ihn, der Schutzgeist
Zu sein der lieben Heimath.

Als jetzt die Sänger schwiegen,

49

Und die umsteh'nde Menge
Im Stillen noch den Heros
Um manche Gabe flehte;
Erschallen aus der Ferne
Noch nie gehörte Töne
In nie geahnten Weisen,
Der Leier Zaubertöne
So weit zurückelassend,
Als hinter sich zurückläßt
Den Klang von Phöbus Leier
Das holde Lied der Musen.
Mit jedem Ton' entsprießen
Den Fluren neue Blumen,
Dem Haine neue Blüthen;
Mit jedem Tone strömen
In die erwärmten Lüfte
Balsamischere Düfte,
In jedes Herz der Liebe
Vergötternde Gefühle.

Da nahet aus dem höhern
Geheimnißreichen Haine,
Auf blumenvollem Pfade,
Im Gleichmaß mit den Tönen
Herniedergleitend, eine
Unabsehbare Schlange,
Gleich einem wellenförm'gen
Belebten Regenbogen;
Umwindet siebenmale
Den Festaltar des Heros,
Erhebet dann ihr Glanzhaupt
Zu den mit Milch und Honig
Und Wein gefüllten Schalen,
Und schlürfet sichtbar freudig
Die Gaben ein; entwindet

Darauf sich dem Altare,
Und kehret festlichlangsam
In ihres Hains Geheimniß.

Wir folgen der Erscheinung,
Sie führt zu Orpheus Grabe!
So rief das Haupt der Priester.
Es folgen schweigend alle   Den Spuren
der Erscheinung
Im steigenden Gehölze.

Den innern Raum des Haines,
Der, einem Stirnband ähnlich,
Des Felsen Haupt umschlinget,
Bedeckt ein ew'ger Nebel.
Des Zuges Vorderreihe
Betrat ihn jeßt. Hier steiget
 (So scheint's dem Aug' der Pilger)
In die balsam'schen Lüfte
Ein mächtiges Gewölbe,
Von ungeheuern Blöcken
Opals, die alle Farben
Des Taubenhalses spiegeln,
Erbaut, und wie ein Tempel
Gestaltet und verzieret,
Hoch, rund und weiten Umfangs,
Mit scheinbardichten Mauern,
Doch die nicht undurchsichtig
Dem Blick, noch undurchdringbar
Dem Körper sind. Als walten
Durch einen dichten Nebel
Sie hin, so schien's den Ersten
Des Zugs, als sie den Eingang
Des Wunderbau's betreten;

Und einmal eingedrungen,
Erschienen sie den Schlußreihn,
Wie uns die junge Mücke,
Ein zartes Moos, ein Pflänzchen,

In farbige Krystalle
Vom Zufall eingeschlossen.

Als diese luftigen Mauern
Sie staunend nun durchwandelt,
Und jetzt im Mittelpunkte
Des Heiligthums sie standen;
Da schloß ihr schwaches Aug' sich,
Unfähig zu ertragen
Den Glanz, der ringsher strahlte.
Und erst, als es der Blendung
Zu widerstehn vermochte,
Sah es drei Epheukreise,
Der eine in dem andern,
Gepflanzt von Götterhänden,
Belebt von Nachtigallen,
Seit kurzem erst des Daseins
Und des Gesangs sich freuend,
Die neue Frühlingsstimme,
Wie Delos Gott sie nannte.
Und innerhalb der Kreise
Erhob sich, von der Schlange
Gleich einem Blumenrande
Begränzt, und leicht umhüllet
Mit sammetweichem Moose,
Orpheens Ruhestätte;
Des Sängers Haupt' entblühet
Die erste Amaranthe.

Die Narzisse

Narzisse war die Tochter
Endymions, des schönen,
Des einzigen von Menschen
Und Göttern, der Dianen
Zu sanfteren Gefühlen,
Und sanfteren Geschäften
Bewog, als die Gehölze
Arkadiens mit Bogen
Und Pfeil, von früher Dämmrung
Bis nach der Abendröthe,
Mit Mordlust zu durchstreifen.
Der Mutter Sinn und Schönheit
War auch Narzissen eigen.
Sie kannte kein Vergnügen,
Als von dem Silberbogen
Des Ziels gewisse Pfeile
Bis an den Saum der Wolken
Dem Habicht nachzusenden,
Der ihrer Lieblingsvögel
Noch nackte Brut verschlungen;
Im windeschnellen Laufe
Den Hafen zu ereilen;
Mit rächerischem Speere
Den Fuchs kühn zu erlegen;
Trotz Warnungen stets wünschend
Auf ihren Streifereien
Auf einen Wolf zu stoßen.

Selbst wenn in schwülen Tagen
Die Gluth des Rosenleibes
In kühler Fluth zu mindern
Am Abend sie beschlossen;
Wird nimmer sie die Stelle

Erwählen, wo der Waldbach,
Vom Taumel seines Sturzes
Sich endlich ganz erholend,
Klar wie ein Spiegel hinfließt:
Nein, in den Schaum des Falles
Wird munter sie sich stürzen,
Des zarten Silbernebels,
Der über ihm leicht schwebend
Wie Iris Bogen glänzet,
Sich freuend, und des lauten
Betäubenden Getöses,
Der bebenden Gesträuche
Des reichbelaubten Ufers,
Und der vom Sturz der Wasser
Schon blankgeschliffnen Felsen.

Und ist dem goldnen Haupthaar
Die Nässe nun entflossen,
So schlingt sie kunstlos wieder
In einem üpp'gen Wulste
Es um die hohe Stirne;
Wirft hastig um die Schultern
Die männlichen Gewande,
Verachtend ihres eignen
Geschlechtes weiche Kleidung;
Und eilet zu des Vaters
Gesträuchumwachs'ner Wohnung,
Um karger Ruh zu pflegen,
Und vor dem Tage wieder
Der Spur des Wilds zu folgen.

Es war die schöne Wilde
Der Jünglinge Gedanke
Am Tag, ihr Traum in Nächten;
Doch ungerühret oder

Verschmähend sah sie alle.
Oft sprach zu ihr der Vater:
Die Götter und die Menschen
Sind Amors Unterthanen.
Glaubst du dich seiner Herrschaft
Entziehn zu können? Liebe:
Und mache dich, und durch dich
Der Jüngling' einen glücklich,
Die lang dich schon umwerben.
So seh' ich noch, eh' selbst ich
Zum Greis geworden, meiner
Narzisse holde Kinder
In meiner Hütt' erwachsen.« -

Den ersten, der mein Herz rührt,
Will ich, o Vater, wählen;
Bis itzt gelang es keinem:
Erwiedert sie, und suchet
Des Vaters düstre Wolken
Durch Kosen zu zerstreuen.

Als einst vom grauen Morgen
Bis nach der Mittagsstunde
Sie einem zarten Rehe
Vergebens über Felder
Und Hügel nachgesetzet,
Des Tages Gluth einathmend;
Sucht müde und erschöpfet
Sie eine Quelle, deren
Willkommenes Geräusch ihr
Vom Walde her ins Ohr tönt.

Kaum hat den Saum der Waldung
Sie überschritten, siehe,
Da wölben, wie zu einem

55

Geräumighohen Dome
Sich alter Bäume Wipfel,
Nur einen engen Eingang
Dem Sonnenlicht gewährend.
In diesem heil'gen Dunkel
Erweitert sich der Quelle
Gesammeltes Gewässer
Zu einem tiefen Teiche,
Den duftigweicher Rasen
Wollüstig rings begränzet.

Müd' läßt sich hier Narzisse
Am Rand des Teiches nieder,
Willkommne Kühlung athmend,
Lehnt Bogen, Speer und Köcher
An einer nahen Eiche
Bemoosten Stamm, und lauschet
Dem traurigsüßen Liede,
Das (eh' der Stolz des Lenzes,
Nun kinderlos) sich selber
Und dem mitleid'gen Hain singt
Die Nachtigall. Es wecken
Die Klagetöne tausend
Eh' ungeahnte Triebe
Itzt in Narzissens Busen.
Es füllet unwillkührlich
Ihr Auge sich mit Thränen.
In unerklärbar süße
Und schreckende Gedanken
Verloren, neigt ihr Haupt sie,
Dem spiegelhellen Teich zu,
Auf ihre Rechte. Götter!
Was für ein Anblick! Reizend
Und hehr gleich einem Gotte
Strahlt aus der Tief' ein Antlitz

Starrblickend ihr entgegen.
Laut schreiend klammert fest sie
Die Arme um die Eiche,
Ihr zartes Antlitz gegen
Die rauhe Rinde drückend,
Bis sie allmählig wieder
Vom Schrecken sich erholte
Und sprach : Warum erschrak ich,
Als ob ein Ungeheuer
Mich zu verschlingen drohte?
Ja, eines Gottes Antlitz
War es; zwar ernst, doch zornlos;
Vielleicht selbst gütig; aber
Unsäglich schön und reizend.
Beinah zu zart für einen
Selbst von den jüngsten Göttern;
Die Tracht glich ganz der meinen....
Brauch' ich mich sehr zu wundern,
Daß einer Göttin Tochter
Ein Gott erschien? ... Durch Zufall
Vielleicht.... Kann er der Eigner
Nicht sein von diesem Bache?...
Vielleicht auch.... Ließ nicht Neptun,
Ja selbst der Götter Gott sich
Herab zu Erdetöchtern?
Ich Thörin!«

            Bangneugierig
Neigt zögernd sie von neuem
Ihr Antlitz nach dem Teiche,
Und fährt erschrocken wieder
Zurücke bei dem Anblick.
Doch endlich sich ermannend,
Wagt sie's ihn zu betrachten.
Was seh' ich, gute Götter!

Find' ich hier nicht der Mutter
Geliebte Züge wieder?
Dies ist Dianens Stirne,
Ihr heitres blaues Auge,
Dieselbe Hoheit, Würde,
Derselbe Wuchs!... Ist's Irrthum,
Was mein Gemüth itzt ahnet?
Er ist ein jüngrer Bruder,
Oder ein Sohn Apollo's;
Und liebend führt die Mutter
Mich in des Gottes Arme,
Erröthend beim Gedanken:
Der Tochter hohe Abkunft
Zur irdischen Verbindung
Erniedriget zu sehen....
Und wie wirst, theurer Vater,
Du dich erfreun, du selbst einst
Der strengsten Göttin Flamme,
Wenn bald in Götter-Enkeln
Du dich verjünget sehn wirst!
Wie liebend er mich anblickt!
Die Röthe seiner Wangen,
Und diese Feuerworte,
Die zum sanftoffnen Munde
Mit Ungestüm sich drängen,
Gestehn mir seine Liebe...
Wie sehnend er die Arme
Mich zu umfangen ausstreckt!
O komm herauf, Geliebter!
Und hör' aus meinem Munde
Der Gegenliebe Worte....
Was säumest du? Ist Vorsicht
Dem Gotte nöthig, wenn ihm
Ein Mädchen winket? Oder
Darfst etwan auf der Erde

Gebiet du dich nicht wagen
Als Wassergott?... O wehe!
Wer raubt mir den Geliebten?
Und trübt dies klare Wasser,
Um seine Flucht zu sichern?
O Götter! ihr beneidet
Narzissens künft'ge Wonne;
Es raubt mir eine Göttin
Den gleichenlosen Jüngling....
Doch nein.... Die Frucht der Eiche,
Vom hohen Aste fallend,
War's, die das Wasser trübte.
Ich sehe noch den Falken
Rechtshin die Luft durchschneiden,
Deß streifendes Gefieder
Die Frucht vom Zweige trennte;
Und ich erblick' aufs neue
Das Antlitz des Geliebten....
Du aber zürnst? Es decket
Kein Roth mehr deine Wange,
Und deine Arme breiten
Sich sehnend nicht nach mir aus!
O ich versteh' dein Zürnen,
Und diesen Götterwink. Ja,
Es gab ihn mir die Mutter.
Ihr Liebling ist der Falke,
Und mir zur Rechten flog er,
Und um der Tochter Liebe
Die Bahn zu zeigen, die sie
Nun gehen soll, ließ vor mir
Die Frucht sie untertauchen.
O zürne nicht, Geliebter!
Ich eil' in deine Arme,
Ich eil' in deine Tiefen.«

So stürzte sie sich häuptlings
Dem Tode in die Arme.
Es hielten in der Tiefe
Des Teichs sie böse Geister
So lange fest, bis qualvoll
Ihr Leben sie verhauchet.
Mitleidig trägt der Bach sie
Itzt an der Waldung Ende,
Wo hoch sich in die Lüfte
Dianens Tempel hebet,
Und legt sie sanft ans Ufer
Der Tempelbucht. Diana
Beweinet sie drei Tage
Mit lauter Thränenklage,
Verwandelt dann die Tochter
In die gleichnam'ge Blume,
Und trägt in Freud' und Gram sie
Am mütterlichen Busen.

Die Anemone

Ein undurchdringlich Schicksal
Gewähret weder Menschen
Noch selbst den hohen Göttern
Unwandelbare Wonne.
Und wär' dein Rosenleben
In heitrer Himmel Glanze
Bei milder Weste Wehen
Auch von der frühen Knospe
Zu seiner vollen Blüthe
Gelanget; ach! so siehst du
Noch vor des Sommers Ende
Es Blatt vor Blatt verwelken;
Und oft hat kaum Aurorens
Frohüberraschtes Auge

Dir einmal zugelächelt,
So schlägt mit neidgeschwollnem
Gefieder dich ein Sturm ab!

......Warum umschwebt, Adonis,
Wie Gram dein schönes Auge?
Und was soll diese mühsam
Zurückgehaltne Thräne?" —

O reizendste von allen
Unsterblichen! die Größe
Des Glückes, dessen du mich
Gewürdiget, ist eben
Was mir mit tiefem Grame
Das Herz erfüllt. Muß ich nicht
Erröthen vor mir selber,
So oft ich diesen müß'gen,
Durch keine That bewährten,
Ruhmlosen Arm um deine
Selbst in der Göttersprache
Namlosen Reize schlinge?
O glücklicker Alcide!
Der du im schweren Kampfe
Mit mächtigen Titanen
An Zeus, des Donnrers
Seite unwiderstehlich vordrangst,
Und, nach der Götter eignem
Geständnisse, gemeinsam
Mit ihm den Sieg entschiedest.
Zum mindsten sah der Himmel
Der Menschheit Stolz im Gatten
Der Götterschenkin Hebe. —

Willst du (erwiedert Cypris
Süßlächelnd), daß von neuem
Wir aus dem Himmel flüchten?
.... Entflammen neue Kriege
Sich einst, so kämpft Adonis
Für eignen Ruhm und seiner
Geliebten Cypris Herrschaft;
Und stolz, vor allen Göttern,
Wind' ich des Sieges Lorbeer
Um meines Kämpfers Schläfe.
Doch jetzt, so lang das Schicksal,
Das Sterbliche und Götter
Gleich unbeschränkt beherrschet
Uns goldne Tage schenket,
Gedenke, lieber Jüngling,
Nur innig mich zu lieben,
Und, sorglos um die Zukunft,
Der Wonnen zu genießen,
Die Cypris dir bereitet.
Raubt ohnedem die Pflicht uns
Nicht manchen Tag? Wie schwer wird
Es 'mir, bei gern entbehrter,
Mir lästiger Anbetung
Weither gewallter Völker,
Heut Stunden zu verlieren,
Die schwärmerisch in deiner
Umarmung ich genösse!
Schon steigt die Weihrauchswolke
Der angefangnen Opfer
Von wartenden Altären.
Erfreue dich indessen
Der treffenden Geschosse,
Dein Leben nicht gefährdend,

Das nun, geliebter Jüngling,
Das meine ist. Es werden
Des Tempels reiche Zierden,
Der Opfergaben Menge,
Der Völker fromme Feier,
Selbst nicht auf Augenblicke,
In deiner Cypris Busen
Adonis Bild verdrängen.

Da reicht sie ihm den Bogen,
Den ihm zu Lieb' in Wäldern
Sie Tage lang mit zarter
Und ungewohnter Hand führt;
Wirft dann den leichten Schleier
Ums Götterhaupt, und zärtlich
Des Jünglings Lilienstirne
Und Rosenwangen küssend,
Besteigt sie ihren Wagen,
Der ungelenkt dahinschwebt.
Denn auf den Rand des Sessels
Sich stützend, hängt die Göttin
Mit unverwandten Blicken
An dem geliebten Jüngling,
Der stumm und unbeweglich
Und bleich ihr lange nachblickt,
Ein Marmorbild der Trauer.
O zögre, hemme, Göttin,
Den Flug der raschen Schwäne,
Und sättige noch Auge
Und Herz an dem Geliebten !
Denn wisse, arme Göttin,
Du siehst ihn so nicht wieder.
....

Als nun Cythere Paphos
Erreichet, und die Hoffnung
In ihrem Zauberspiegel
Dem Trauernden die Wonne
Des Wiedersehens zeigte,
Das schöne Kind der Trennung;
Da sprach er zu sich selbst: Kann
In einer Göttin Busen
So viele liebe wohnen?
Zu einem Erdensohne,
Den schon die nächste Sonne
Vielleicht nicht mehr bescheinet?
Und träge Ruh gebietest
Du, Göttin, mir? Vergib mir,
Ich kann, ich darf nicht ruhen.
Ich muß Gefahren suchen,
Willkommner mir je größer,
Die meinen dunkeln Namen
Mit Ruhmesglanz umgebend,
Mich in die Zahl der Helden
Erheben, die die Nachwelt
Beinah wie Götter ehret.
Verdienen einer Göttin,
Verdienen Cypris Liebe,
Kein Sterblicher vermag es!
Soll aber sie im Kreise
Der holden Uraniden
Erröthen müssen, wenn einst
Aus Neid der Götter einer
In spitzen Worten spräche
Von dem geliebten Zärtling,
So würde er mich nennen ?
Vergib, o Göttin, aber
Eh' kämpf' ich, selbst wenn sicher,
Daß ich im Kampf' erliege,

Mit allen Ungeheuern,
Als daß je Scham dir höher
Die Rosenwange färbe

Durch meine Schuld. Und Muth nur
Macht Sterbliche zu Göttern. —

Jetzt küßt er Cypris Bogen,
Und küsset Cypris Köcher,
Befestigt dann die Waffen
In ihrer Liebe Laube
Ob ihrem selbstgewählten,
Mit heutgepflückten Rosen
Geschmücktem Rasensitze.
Jetzt wählet er den größten
Von allen seinen Bogen,
Ein lebenraubend Messer,
Des Jägers letzte Waffe
Und einen Speer, womit einst
Der Heldenarm gekämpfet
Des großen Meleagers.
Zeig' auch in meiner Hand dich
Der hohen Abkunft würdig,
O Speer, und hilf Adonis
Zu Meleagers Ruhme.
So sprach er, und verfolgte
Der Jagd gewohnte Pfade,
Unschädlicher Bewohner
Der weiten Waldung schonend;
Doch die nach Blute lechzen,
Mit herbem Pfeil vertilgend.

Indessen sang in Paphos
Das feierliche Chorlied:
Wie aus des blauen Meeres

Geheimnisvollem Schaume
Geboren, einst Cythere
An der gleichnam'gen Insel
Gestade trat. Ein schwarzer
Lebloser nackter Felsen,
Der Sohn erloschner Flammen,
Erhob sich eh' dies Eiland,
Der Meerbewohner Schrecken.
Der nah'nden Göttin Blicke
Bedeckten es mit reicher
Zartduft'ger Blumenhülle,
Mit tönenden Gebüschen,
Und goldfruchtüpp'gen Hainen.

Doch des Gesangs, der Wolken
Ambrosischer Gerüche,
Des Glanz es der Geschenke
Nicht achtend, und wie einsam
In tausend Völker Mitte:
Wo weilt er jetzt, sprach Cypris,
In neidenswerther Freiheit,
Indessen hier gefangen,
Ein Opfer meiner Größe,
Mein liebend Herz sich abhärmt ?
Kann dieser Völkerschaaren
Im Staube ruh'nde Stirne
Die Wonne mir ersetzen,
Die ich in seinen Armen
Genösse ? und wird immer
Sein dankbar Herz gleich feurig
Für Cypris schlagen ? kann nicht
Im Lauf der Jagd dem Jäger
Die Jägerin Diana
Mit Vorbedacht begegnen,
Und er, von ihrer Größe

Und männlicheren Schönheit
Geblendet, unfreiwillig,
Auf Augenblicke schöner
Und reizender sie finden,
 Als die entfernte Cypris ?
Und kann Zeus schlauer Tochter
Der Eindruck wohl entgehen,
Den auf sein unerfahrnes
Gemüth sie macht? Wird sie nicht
Durch schmeichelnd Lob und Hoffnung
Zwangloserer Vergnügen
Ihn zu gewinnen streben?
Kann, unser beider spottend,
Und unsern Ruf befleckend,
Nicht eine ihrer Nymphen
Ihm leichte Liebe bieten? "
Jedoch, wohin verirret
Mein Unmuth sich? Gab je mir
Er Grund zur mindsten Klage ?
Hängt nicht mit Flammenseele
Er ganz an mir? Vergib mir,
Geliebter Jüngling! Gram war's,
Der ungerecht mich machte....
Was fällt da? Ach, die Rose,
Die er mit eigner Hand mir
Ins Haar gefügt. Die Rose
Fällt ab, indeß die Blumen,
Von meiner Töchter Händen
Befestigt, alle haften.
O Himmel, welches Unglück
Verkündet mir dies Zeichen!...
O ende, qualenvolle
Verhasste Feier! Schweiget,
Mich folternde Gesänge !
Habt Mitleid mit mir armen!

Vielleicht kämpft um sein Leben
Mein Buhle, und ihr haltet
Mich hier. —

            O eile, eile,
Beklagenswerthe Göttin!
Vielleicht daß du von ihm noch
Das Graunverhängniß wendest.

......Schon eilten raschern Laufes
Der Sonne Flammenrosse
Dem nicht mehr fernen Meer zu;
Schon nahte sich Adonis
Dem Lieblingsitz der Göttin,
Fünf kühn erlegter Wölfe
Sich freuend, und der nahen
Liebkosungen Cytherens;
Als plötzlich aus dem Dickicht
Hervor ein junger Eber
Durch hemmende Gebüsche
Vor ihm sich einen Weg bahnt. Kaum
nimmt der Sohn der Waldung   Den
Jäger wahr; so bleibt er
Zum Kampf bereitet stehen.
Doch ein dem sichern Bogen
Entflohner Pfeil beraubet
Der Kraft ihn und des Lebens.

Doch nach des Sohnes Falle
Bricht, Strauch und Baum zermalmend
Mit wüth'gem Fuß, die Mutter
Hervor, ein Ungeheuer
Nur jenem zu vergleichen,

Das Kalydons Gefilde
Mit Schrecken einst erfüllte.
Adonis Kniee bebten,
Als er das Ungeheuer
In seiner Riesengröße
Und wüthend vor sich sahe.
Doch schnell sich selbst ermannend,
Ergreift den schärfsten Pfeil er,
Und schnellt ihn auf das Unthier.
Beim Anblick seines Blutes
Steigt seine Wuth; lautbrüllend,
Mit blutigrothem Auge
Und schaumbedeckten Hauern
Rennt's grad' auf ihn. Ausbeugend
Durchbohrt mit schwerem Spieße
Adonis ihm die Seite.
Es stürzt, doch rasch sich wendend,
Reißt mit ergrimmter Hauer
Dem Gegner es die Weiche
Weit auf; in Strömen quillet
Sein Blut; doch es nicht achtend:
Nein, lebend sollst dem Kampfe
Du nimmer mir entrinnen!..
Ruft höhnend er, und stößt ihm
Mit götterstarker Rechte
Das Messer in die Kehle,
Des Lebens Fäden trennend.
Da sank das Ungeheuer.

Mit siegesstolzem Auge
Betrachtet es Adonis.
Jedoch nur Augenblicke
Währt dieses Sieges Wonne.
Erschöpft vermag nur mühsam

Die Laub? er zu erreichen ;
Da sinkt auch er zur Erde.

Jetzt naht, der raschen Schwäne
Windschnellen Flug durch Bitten
Und Zürnen noch beflügelnd,
Vor Angst im Wagen stehend,
Mit kummervollen Blicken
Rings nach Adonis forschend,
Auch Cypris, und erblicket
Zugleich das Ungeheuer
In seinem Blut, und ihren,
Nicht wie um auszuruhen
Starr ausgestreckten Buhlen.

Mit einem Schrei des Schreckens
Entspringt dem Wagen, fliegt sie
Herbei, und ruft: Adonis!
Adonis! daß mitleidig
Der Hain: Adonis! nachhallt.

Es wendet sein ohnmächtig,
Schon halbgeschloßnes Auge
Sich nach dem Ruf, und starret
Die Göttin an, wie dankend.

Da riß von ihrem Haupte
Die Göttin ihren Schleier,
Sein strömend Blut zu stillen.
Doch wirkungslos blieb diesmal
Die Kraft des Wunderschleiers.
Wild faßt die langen Flechten
Des schönen Götterhaars sie,
Haucht ihren Götterodem
Darauf, und hält sie krampfhaft

Auf die weitoffne Wunde.
Doch ohne Wirkung bleibet
Jetzt selbst die Kraft des Haares.
Es strömt in Purpurwellen
Des Jünglings Blut zur Erde.

Da sprach in ihrem Schmerze,
Sterbenden zu trösten,
Cythere: unerbittlich
Hat das Geschick, das seh' ich,
Beschlossen, daß du sterbest.
Doch höre meine Worte
Du, Jüngling meiner Liebe!
Du stirbst nicht ganz. Und rangest
Im Leben du nach Ruhme,
So werd' er dir im Tode.
Cytherens Feste heißen
Von nun Adonis Feste.
In allen meinen Tempeln,
Auf jeglichem Altare
Steh' mir dein Bild zur Seite.
Der Himmel und die Erde
Soll wissen, daß ich Göttin
Dich Sterblichen geliebet.
Und wer von Göttern oder
Von Menschen Cypris Beistand ,
Erflehen will, der kann es
Nur in Adonis Namen.

Die letzte Kraft des Lebens
Zu einem Kuß vereinend,
Dankt scheidend er der Göttin.

Aus feinem Rosenblute,
Vom Götterhauch Cytherens

Belebt, erblüht des Lenzes
Bald welkende Gespielin,
Die zarte Anemone,
Der Farbenkugel ähnlich,
Des Schaumes leichter Tochter,
Die in dem Glanz der Sonne,
Der Kinder laute Freude,
Des Westes sanfter Odem
Erhebt und bald vernichtet.

Der Mohn

Wirst du denn, Arethusa,
Alpheens Wünschen ewig
Entgegen sein? Du flehtest
Auf süßer Heimath Fluren,
Mir zu entgehn, Dianen
Um Hülfe an; zur Quelle
Verwandelt, flohest angstvoll
Du in den Schooß der Erde,
Um unter weiten Meeren,
Der Wogen dumpfes Dosen,
Des Sturmes schrecklich Brüllen
Bang über dir vernehmend,
Auf furchtbardunkelm Pfade
Dies Eiland zu erreichen:
Wohlkundig deiner Absicht,
Verließ auch ich der Sonne
Geliebtes Licht, im Schooße
Der Nacht, an deiner Seite
Dir unbewußt, dies Eiland
Gleichzeitig zu erreichen.

Doch weißt du auch, in wessen
Gebiet du dich befindest?
In dem Gebiete Pluto's.
Umsonst wirst du den Beistand
Dianens hier erflehen,
Erblickt dich, und beschließet,
Besiegt von deinen Reizen,
Der grause Schattenkönig
Dich mit Gewalt zu rauben.
Vermochte doch jüngst Ceres
Das eigne Kind, die Tochter
Kronions, Proserpinen
Nicht zu beschützen, als er
Aus Enna's Lenzgefilden
Gewaltsam sie entführte.

Du staunest, Arethusa,
Und starrst mit banger Neugier
Mich forschend an? Vernimm denn
Die traurige Geschichte.
In Enna's Tempel weilte
Die Menschenfreundin Ceres,
Der Pflüger frommes Flehen
Um fröhliches Gedeihen
Der jungen Saat erhörend.

Zu jung der hohen Mutter
Altäre schon zu theilen,
Ergötzte Proserpine
An Pergus Seegestade,
Der Heimath holder Schwäne,
Mit der erles'nen Schaar sich
Gleichjähr'ger Erdentöchter.

Lang hing ihr Aug' bewundernd

Um blauen Frühlingsäther.
Hier schienen dichte Wolken
Ein bläulichgrau Gebirge,
Das goldner Schnee bedeckte.
Aus einer dunkeln Höhle
Ergoß, zum Strom geworden,
Die Sonne sich, und stürzte
In diamantnen Fällen
Von Fels zu Fels, im Thale
Zu einem See sich sammeind.
Dort reihten leich'te Dünste
In mannichfachen Formen
Sich an einander, Drachen,
Chimären, Hydern, Sphinre
Und andre ungeheuer
Der üppigen und regen
Einbildungskraft der Mädchen
Darstellend, die der Ammen
Gefälliges Erzählen
In den zu flücht'gen Tagen
Der goldnen Kindheit ihnen
Wohl tausendmal beschrieben
In furchtbarschönen Mährchen.
Ein Windstoß regte plötzlich
Und wie ein Prachtgeschwader
Von Schiffen unter Segeln
Erschienen sie dem Auge.

So hatten eine Weile
Am Seee sie gestanden,
Da naheten dem Ufer
Sich blendendweiße Schwäne,
Mit Wohlgefallen zwischen

Zwei malerischen Himmeln
Herschwebend, und dein Führer
Stolzfreigehorsam folgend
In bogenförmigem Zuge,
Ein großer Silberhalbmond.
Wie bei dem Lob der Mädchen
In Haltung und Bewegung
Die Fülle ihrer Reize
Allmählig sie entfalten! —

O helft mir, helft mir, Schwestern!
(Rief eine von den jüngsten)
Den Schmetterling dort fangen,
Wie wunderschön und glänzend
Er ist! – Wo? wo? So fragen
Mit Einem Munde alle,
Und folgten, ihn nicht sehend,
Der Ruferin. So folgen
Der einen, die von ferne
Den Strauch mit rothen Beeren
Erblickt, die Schwestertauben,
Mit schnellen bunten Schwingen
Die leichten Lüfte theilend,
Ein ganzer Lenz von Farben.
Der Schmetterling, des Eifers
Der Feindinnen nur spottend,
Eilt auf behenden Flügeln
Erst weit voran, und harret
Der lärmenden in Ruhe
Auf einer niedern Blume.
Kaum sind sie ihm genahet,
So läßt in raschem Flug' er
Sie wieder weit zurücke.
Da dehnen sich die Schlauen

In einen weiten Halbkreis,
Deß Ende sich, annähernd,
Jenseits der Blume schließen,
Auf der er ruht. Schon freuen
Mit schwerverhaltner Wonne,
Und sich einander winkend,
Sie sich des Siegs; er aber
(Es hatten die Verschmizten
Zu einem Sommervogel
Sich dessen nicht versehen)
Schwebt über ihren Häuptern
Denselben Weg zurücke.

Müd' des Verfolgens, lagern
Sie sich am Blumenfuße
Des anmuthsvollen Hügels,
Wo einfachschön das Bildnis
Der Blumengöttin pranget,
Die Ebne rings beherrschend.
Laßt (sprachen sie) hier Blumen
Uns pflücken, Kränze winden,
Der Göttin Bildniß schmücken,
Und selbst bekränzt, zum Rundtanz
Das Lob der Flora singen.
Da fangen sie in Chören:

Es gleichen deine Jahre
Sich wie ein Lenz dem andern;
Jahrhunderte verfließen,
Und du bleibst stets dieselbe.

Doch wir, der Erde Töchter,
Sind wie der Erde Blumen:
Sie blühen einen Frühling,
Und welken dann auf immer.

Auch flehn wir nicht, o Göttin,
Zu dir um ew'ge Reize;
Laß du nur unsers Frühlings
Uns sorgenlos genießen,

Als ihre Silberstimmen,
Dem anmuthsvollen Tanze
Vermählt, zum dritten Male
Das Lied begannen, bebet
Urplötzlich unter ihnen
Der Hügel; Marmorbildern
Im Tanz begriffner Nymphen
Und Grazien vergleichbar,
Starrt regungslos der Reigen.
Schnell folget eine zweite
Furchtbarere Erschütt'rung;
Da fliehn sie voll Entsetzen
Nach ihren nahen Hütten.
Wie wenn in Frühlingstagen
Wie wenn in Frühlingstagen
Aus sonnenklarem Himmel
Ein Wirbelwind herabstürzt,
Und mit ergrimmter Schwinge
Kaum aufgeblühte Rosen,
Der Morgenröthe Kinder,
Abschlägt und rings verschleudert;
So fliehen die Gespielen.
Nur Proserpine, kindlich
Der Götter Schutz vertrauend,
Verweilet auf dem Hügel.
Da bebt zum dritten Male
Mit schrecklichem Getöse
Die Erde; und, indem sie
Zum Bild der Göttin flüchtet,

Fühlt plötzlich um die Hüften
Von einem starken Arme
Sie sich umfaßt. Hilf, Mutter!
Ruft sie mit Angstgeschreie,
Helft, Freundinnen! Wie aber
Ein Adler, des Gebirges
Gefürchteter Beherrscher,
Ein Lamm mit starken Krallen
Ergreifet und entführet:
Es hatten fromme Kinder
Mit Bändern es und Blumen
Geschmückt, und es frohlockend
Zur üpp'gen Au begleitet,
Und lang gespielt: nun ruhen
Sie müd im weichen Grase,
Dieweil es süße Kräuter
Auslesend sich entfernet;
Da stürzet aus den Wolken
Der unbemerkte Wüthrich,
Und raubet ihre Wonne;
Sie selbst ergreift Entsetzen.
So trug in ungeduldig
Raubfrohen Armen Pluto
Die Reize Proserpinens
Zum fernen Wagen. Diesen
Und reichgeschmückte Rosse
Ließ, unerkannt zu bleiben,
Er ferne hinter Bäumen.

Als mit der theuern Beute
Den Wagen er bestiegen,
Da läßt die goldnen Zügel
Den Rossen er, bei Namen
Sie alle nennend: Heute
Vergeltet dem Gebieter

Die reiche Pflege, sprach er.
Und Adlern gleich an Schnelle
(Wie dunkelrothe Flammen
Wenn wild die reichen Mähnen
Längs ihrem schwarzen Rücken)
Durchstürmen sie die weite
Und wellenförmige Ebne
Stets eilender, stets rascher,
Der Hindernisse spottend,
Kühn über Höhen, Tiefen
Hinweg, daß unbeweglich Ihr
Huf dem scharfen Auge
Erscheinet. Jetzo breitet
Cyanens See vor ihnen
Rache, Du gehst nicht weiter ! rufet
Mit vorgehaltnen Armen
Posidons hohe Tochter.

Wuth flammt von Pluto's Auge,
Und mit gewalt'gem Arme
Schwingt in der Wellen Tiefe
Sein Zepter er. Da öffnet
Weitgähnend sich ein Eingang
Ins Schattenreich. Dem Zornruf
Des schrecklichen Beherrschers
Gehorchend, stürzen häuptlings
Die Rosse in den Abgrund,
Deß schauderhafte Mündung
Sogleich sich wieder schließet.
Nur Proserpinens Gürtel,
Im Sturz entfallen, schwebet
Sanftfunkelnd über ihm, wie
Wenn im erloschnen Westen
Ob dunkelgrauer Dämmrung
Der Abendstern zuweilen

Sein Strahlenhaupt erhebet.

Indessen kehret Ceres
Aus Enna's Heiligthume,
Und hört: ein Räuber habe
Die Tochter ihr entführet.

Warum, o Schicksal, rief sie,
Das arme Herz der Mutter
Durch diesen Jammer foltern?
Sah sie als Kind und Mädchen
Ich darum nur voll Unschuld
Und Reiz erwachsen, um sie
Als Jungfrau mir entrissen
Zu sehn? Womit verdient ich
Dies schrecklich Loos? War Stolz je
In diesem Mutterbusen?
Freut' ich vielleicht zu sehr mich
Beim Anblick ihrer Reize
Und Tugenden ? Ist Liebe
Zum eignen Kind', und wäre
Sie auch zu groß, zu zärtlich,
Ein ahndenswerth Verbrechen?
Vergaß die Mutter jemals
Der Göttin große Pflichten?
Hab' über Proserpinen
Ich etwa dieses Eilands
Und der bewohnten Erde
Entlegene Gefilde
Mit goldner Ernten Fülle
Zu decken je versäumet?
Erwählte nicht der Räuber
Den Tag, wo Enna's Feste
Mich in den Tempel riefen,
Mein Rind mir zu entführen?

Wer von den Erdesöhnen,
Wer von den Göttern hätte
Sonst je den starken Armen
Der Göttin sie entrissen,
Der Löwinwuth der Mutter?

Doch ich verliere Stunden
In fruchtlos langer Rede.

Und auf dem Drachenwagen
Eilt sie zu Letna's Gluthen,
Und zündet unauslöschbar
Zwei Fackeln an; und rastlos,
Vom Untergang der Sonne
Bis zu der Morgenröthe,
Und von dem himmelnahen
Gesang der frühen Lerche
Bis zu dem späten Zirpen
Der einsamen Zikade,
Forscht ihr bekümmert Auge
Auf jeder Flur, in jedem
Verhehlenden Gebüsche,
Auf Höhen und in Thälern,
In jeder dunkeln Höhle
Verschwiegenem Geheimniß;
Bei jedes Lüftchens Wehen,
Beim Rauschen jedes Blattes
Hemmt sie den Flug der Drachen,
Der Hoffnung und der Täuschung
Peinvolles Spiel. So hatte
Neun Tage sie, neun Nächte
Sicilien durchspähet;
Da langte mit der zehnten
Kundlosen Morgendämmrung
Sie an den See Cyanens.

Ich sehe (spricht die Nymphe)
Nichts kann jetzt mehr dich schrecken,
Vielleicht wird selbst dein Kummer
Mir danken, wenn der Mutter
Den Nachlaß ihrer Tochter
Ich ohne Säumniß reiche
(Da gab sie ihr den Gürtel);
Sie selbst entführte Pluto,
Durch meiner Wasser Tiefen
Gewaltsam einen Eingang
Zur Unterwelt sich bahnend.

Wie einen Regenhimmel
Der schwarzumwölkten Sonne
Auf wenig Augenblicke
Jetzt siegend Licht erheitert,
So klärt ein Strahl der Freude
Der Göttin trauernd Antlitz,
Als sie den Gürtel sahe.
Und als sie schmerzhaftzärtlich
Ihn oft geküßt, und dann ihn
Mit langverweilend starrem,
Bethräntem Aug' betrachitet,
Dankt jetzt in Segnungsworten
Der Nymphe sie, und lenket
Den steilen Flug des Wagens
Empor zum Sitz der Götter.

Kronion, einsam ferne
Vom Götterkreise ruhend,
Erblickt die Kommende, und,
Als sie genahet, spricht er:
Nenn', Ceres, nicht den Vater
Gleichgültig um der Tochter

Geschick. Zur Gattin Pluto's
Erkor sie längst des Schicksals
Unwandelbarer Wille.
Doch stets gerecht, gewährt es
Der liebevollen Mutter
Den Wonnanblick der Tochter
Des Jahres schönste Hälfte
Hindurch; und unserm Kinde
Bestimmt es schon von jetzt an
Der höchsten Götter Ehren.
Die Sterblichen verehren
Die zarte junge Göttin
Gemeinsam mit der Mutter
An heiligen Altären;
Und Götter schwören künftig
Bei ihr und ihrem Gatten
Den schrecklichsten der Eide,
Drum tröste dich. Und wenn sich
Des Mohnes frühe Knospe
Zu zeigen nur beginnet,
So sei dir dies ein Zeichen
Der ungesäumten Ankunft ,
Der Tochter unsrer Liebe. —

Hier endete der Flußgott,
Und tiefbewegt reicht schweigend
Der schönen Hände eine
Erröthend Arethusa
Dem Freunde hin. Da öffnet,
Mit mächtgem Fuße stampfend,
Der glückliche Alpheus
Den Damm, der sie gesondert ;
Und Arethusens Quelle
Tritt schüchtern in sein Rinnsal.

Wie im azurnen Äther
Ein einsam Silberwölkchen
Oft schwebt, gleich einer Schleife,
Die an der Jungfrau Busen,
Ein Spiel des Windes, flattert;
So glänzet in der Mitte
Des breiten blauen Stromes
Die schmale Silberquelle,
So weit das Auge reichet,
Bis, unter duft'ger Ferne
Geheimnißvollem Schleier
Zuletzt vereint, sie stille
Der heilgen Meerfluth nahen.

Das Vergißmeinnicht

Sei uns, die wir der Sonne
Erfreuend Licht noch schauen,
Du, die an Lethe's Ufern
Zu frühe schwebt, gegrüßet!

Wir liebten dich im Leben,
Eudora, Silberstimme,
Erfinderin der Harfe!
Wir lieben dich im Tode.

Wer dich am Seresfeste
Zur Harfe singen hörte,
Wird noch den späten Enkeln
Die Kunst Eudorens rühmen.

Wahrscheinlich hörte Pluto
Aus Proserpinens Munde
Dein Lob; da bat er Eos,
Eudoren zu entführen*.

Wer jung oder vor Tage starb, von dem
sagten die alten, Aurora habe ihn entführt.

Dich fand nicht mehr die Sonne,
Und hüllte sich in Trauer,
Die Nachtigallen flohen,
Und alle Blumen welkten.

Die aber horchen staunend
Der Unterwelt ,Beherrscher,
Und Linus und Arion,
Die Könige der Leier.

Doch wir, Eudora, schmücken
Hier trauernd deinen Hügel,
Um die Gespielin weinend,
Die wir beneidend liebten.

So sang, beim Fall der Blätter,
Ein Reigen junger Mädchen
An der Gespielin Grabe ;
Umpflanzte dann den Hügel
Mit Sprößlingen der Rose,
An eines Ahorns Aste,
Der über ihm sich wölbte,
Befestigend die Harfe,
Die unlängst sie erfunden.

Kaum hatte noch Eudora,
Die Enkelin Arions,
Den zwölften Benz gesehen;
So wagte schon kein Gegner
Mit ihr sich auf der Leier
Zu messen. Da erkoren
Siciliens Bewohner

Einmüthig sie, an Ceres
und Proserpinens Feste
In Enna's schönem Tempel
Den Göttinnen das Danklied
Für überreiche Ernten
Nach hergebrachter Sitte
Zur Leier abzusingen.

Ergriffen von der Größe
Des Werkes, zieht auf eine
Den Musen heilge Höhe
Sie sich zurück, erflehet
Der Musen hohen Beistand,
und sinnet dann dem Lied nach.

Es glühet ihre Stirne;
Es flammt ihr starres Auge;
Wie Blumen auf der Lenzflur
Unzählig sich erheben,
Sieht mit erstauntem   Blicke
Sie aus der regen Seele
Geheimnisvollen Tiefen
Gedanken nach Gedanken
In drängendem Gewühle,
Ein buntes Heer, sich heben.
Hier deutliche und klare,
Dort dunkle und verworr'ne;
Jetzt neue, stolze, kühne,
Hellglänzende, erhabne;
Jetzt trübe, herbe, düstre,
Schwermüthige und schwarze;
Nun drängt der ein' und andre
Sich aus dem dichten Reihen
Hervor, und zieht das Auge

Durch Reiz und Schönheit an sich,
Doch mit des Blitzes Eile
Ist, eh! du dich's versiehest,
Er auch bereits verschwunden.
Da zeigt mit Herrscherhoheit
Sich plötzlich, unerwartet,
Im Vordergrund ein großer,
Erhabener Gedanke, —
Es reihet, Dienern ähnlich,
Die Menge sich um ihn her
und harret seines Winkes.

Dem Meister eines Baues
Vergleichbar, naht und sondert
Jetzt der Verstand die Stoffe ;
Er wählet, fügt, vereinigt
Dem Zwecke, der ihm vorschwebt,
Gemäß nun alle Theile ;
Umgehet und betrachtet
Das Werk von allen Seiten,
Verändert und verbessert,
Verschönert und vollendet
Es nun sich zur Genüge,
Und staunt mit Wohlgefallen
Und Ruh sein eignes Werk an.

Ihr gabt des Liedes Worte,
Musen! (sprach sie) gebt nun
Auch Tön' und Weisen, euer
Und jener Mächte würdig,
Die ich zu singen wage.

Da senkte süsser Schlummer
Sich auf ihr müdes Auge.
Und staunend sieht im Traume

Auf einem goldnen Dreifuß
Sie Klio vor sich sitzen.
Ein Saitenspiel, doch anders
Gebildet als die Leier,
Steht vor der hehren Göttin.
Und plötzlich singt die Muse
Dasselbe Lied, das wachend
Sie eben erst vollendet.
O welche Göttertöne
Und welche Götterweisen
Entquellen Klio's Munde!
Doch wunderbarer ist noch
Des Saitenspiels Getöne.
Der Muse Hand berühret
Die Saiten nicht, und dennoch
Begleiten sie harmonisch
Das holde Lied der Göttin,
So oft ihr sanfter Odem
Dem zarten Saitenspiele
Entgegenströmt.
        Das Wehen
Des Abendwinds entführet
Den schönen Traum Eudorens ;
Erwachend aber findet
Mit dankendem Entzücken
Sie neben sich die Harfe ,
Die sie im Traum bewundert .
Neugierig wiederholet
Das Lied sie, ihren Odem
Dem Saitenspiel zuhauchend ;
Und alsobald begleitet
Harmonisch den Gesang es .
Und so beschloß am Feste
Der Göttinnen im Tempel

Zur Harf anstatt der Leier
Das Loblied sie zu singen .
Der Festtag war erschienen .
Erröthend saß Eudora
Auf einem reichen Dreifuß
Zunächst an dem Altare ,
Und vor ihr stand die schöne ,
Die wunderbare Harfe .
Sie singt zuerst das Loblied
Mit holder, klarer Stimme ,
Doch ohne mit der Harfe
Sich zu begleiten . Staunend
Vernimmt des Liedes Worte ,
Vernimmt des Liedes Weise
Die dichtgedrängte Menge .
Wie aber wuchs ihr Staunen ,
Als den Gesang Eudora
Nun wiederholt , und ohne
Von ihr berührt zu werden ,
Der Harfe zarte Saiten
Laut tönen und harmonisch
Eudorens Lied begleiten.
Doch alle Häupter beugen
Sich in den Staub , als jetzo ,
Beim Ende des Gesanges ,
Der jungen Göttin Händen ,
Mit Kränzen reich beladen ,
Ein Kranz entschlüpft, und fallend
Eudorens Harfe krönet .

Die ehrfurchtsvolle Menge
Begleitete am Abend

Die glückliche Eudora
Vom Tempel bis zu ihrer
Entlegnen niedern Hütte
Längs Pergus schwanenreichem
Gestade hin. Als still sie
Um klaren See dahinzog,
Da schallen eines Schwanes
Wehmüthig - süße Töne
Aus dem bejahrten Schilfe .
Die Menge lauscht dem Liede
Mit freudiger Bewundrung;
Doch gränzenlose Trauer
Erfüllt Eudorens Busen .
Mit schreckenbleicher Wange
Spricht sie zu einer Freundin:
Es tönet nicht umsonst mir
Dies Lied, ich habe heute
Mein Schwanenlied gesungen.
Und wie ein Rosenstrauch, den
Ein frommes Kind unwissend
Gelähmt, sonst seine Lust, denn,
So lang die Sonne strahlte,
War er von Schmetterlingen
Nie leer, und war die Sonne
Gesunken, so enttönte
Das anmuthsvolle Lied ihm
Der Nachtigall; jetzt aber,
Herabgesenkt zur Erde,
Sieht eine nach der andern
Er seine Rosen fallen,
Ein duftend Grab bereitend :
So welkte schnell und sichtbar
Eudorens Reiz. Noch hatte
Statt ihres Silberbogens
Den Silberschild nicht Phöbe

Gezeigt in heitern Nächten;
So fanden eines Morgens
An eines Ahorns Fuße
Die Freundinnen Eudoren,
 Ein Opfer ihrer Ahnung.
 So liegt am Meeresstrande
Im Glanz der Morgenröthe
Des Prachtschiffs schöne Trümmer.
Von Delos Feste kehrte
Beim Silberschein des Mondes
Es fröhlich heim; da hüllte
Ein Sturm den Mond in Wolken,
Und schleudert es an Felsen:
Das Meer verschlang die Pilger,
Die Ruderer und Schätze ;
Die farbenreichen Wände
Warf höhnend es ans Ufer.

Nachdem sie die Gespielen
Mit lauter Thränenklage
Beweinet, und sie zögernd
Mit leichter Erd' umhüllet:
Umpflanzten sie ihr Lager
Mit Sprößlingen der Rose,
Und hingen ihre Harfe
Am Ahorn auf, der festlich
Die heilige Stätte deckte.

Und als der Frühling kehrte
Mit seinen Sängerschaaren,
Und volle Blumenkörbe
Auf Thal und Hügel leerte,
Da kamen zu der Stätte
Der schlummernden Eudora
In festlichen Gewanden

Die Freundinnen, und freuten
Sich der gediehnen Rosen,
Die wie ein schöner Festkranz
Die Schlummerstätte schmücken;
Und Hand in Sand geschlungen,
Umstehen sie den Hügel,
Und singen feierndlangsam
Ihr Lied zum Lob' Eudorens.

Sie hatten es geendet,
Da hörten, froherschreckend,
Unsäglichsanft die Harfe
Eudorens sie ertönen,
Obgleich im Raum der Lüfte
Jetzt alle Winde ruhten.

Nun schweigt die Harf, und manche
Betheuert, daß Eudorens
Bekannte süße Stimme
Und unverstandne Worte
Gleichzeitig sie vernommen.

Neugierig näher tretend,
Beginnen sie von neuem
Das Lied; und als sie horchend
Es nun geendet hatten,
Da hörten unverkennbar,
Begleitet von der Harfe,
Die Stimme sie Eudorens,
O Kreis, der mich im Leben
(So tönt es, anfangs leise,
Allmählig aber lauter)
So sehr geliebt, und dessen
Andenken mir gefolget
Ins stille Reich der Schatten,

Vergiß mein nicht!

Jetzt überschritten alle
Der Stätte Rosengränze,
Und sahen mit Verwundrung
Da, wo das Herz Eudorens
Die Erde deckt, ein niedres
Fünfblättrig blaues Blümchen,
Ein goldnes Herz umschließend.

Die Nelke

Zum erstenmale brachten
Amintas und Ulcimna
Den dritten jüngsten Enkel,
Auf ferner Flur geboren,
Zu den ehrwürd'gen
Ihnen, Menalkas und Klymene.
Mit tausend Schmeichelnamen
Empfangen sie den Enkel,
Der erst sie forschend anstarrt,
Dann froh zu lallen anfängt,
Zuletzt vom Arm der Mutter
Von selbst in ihre Arme
Verlangt. In seinem Anblick
Sich wie verjüngend, ahmet,
Das Kindlein zu ergözen,
Menalkas aller Vögel
Gesang, und alle Stimmen
Der Thiere nach, auf die es
Frohlachend zeigt; Klymene
Mit mädchenhafter Raschheit
Tanzt vor ihm, klatscht und singet;
Erregt sein lautes Lachen,
Und eigenes Bestreben

Der Ahnin nachzuahmen.

Jetzt zu den ältern Enkeln
Sich wendend, sprach der Uhne:
Sagt, Kinderchen, ihr liebt doch
Das Brüderlein ? — Ja freilich,
Erwiederte Menatkas:
Du solltest sehn, Großvater!
Wie er sich freut, wenn vor ihm
Ich meinen Kreisel jage;
Wenn oft mein Schiff, mit Grase
Und Blumen (schwer beladen,
(Oft. setzen Sommervögel
Mit goldgewebten Flügeln
Sich noch darauf) auf unserm
Geraumen Gartenteiche
Er schwimmen sieht; und sehen
Sollst du, welch große Augen
Er macht, wenn meinen Drachen
Er fliegen sieht. Mein Drache,
O der ist schön! Mir flocht ihn
Aus leichtem Bast der Vater,
Und malt ihn dann: die Flügel
Sind roth, der Körper bräunlich,
und grün der Kopf; mit Mühe
Schleppt er den langen, langen "
Hellgelben Schweif... Großvater!
Du horchst mir mit Erstaunen;
Verstehst du, was ich sage?
Du weißt doch, was ein Drach' ist? —

Jetzt nahm Klymene hastig
Das Wort: und ich, Großvater !
Ich pflück ihm so viel Blumen
Er will, und flechte Kränze

Daraus, und winde rings sie
Um Stirn und Hals und Händ' ihm.
Dann spitzet er das Näschen,
Und will die Blumen riechen;
Doch stets, anstatt zur Nase,
Führt er sie zu dem Munde.

Und weißt du auch, Großvater !
Fiel schnell ins Wort Menalkas,
Wie er zu uns gekommen?

— Nein Kind ! —
Es hat der Storch ihn
Gebracht. O ich erinnre
Mich noch recht gut. uns führte
Der Pater eines Tages
In unsern großen Garten,
Und sagte uns: Da habt ihr
Milch, Brot und Früchte; spielet
Nach Herzenslust; doch sehet
Ob ihr den Storch gewahret
Mit einem rothen Körblein
Im Schnabel; er wird heute
Ein Brüderlein euch bringen.
Wir spielten wenig, sahn nur,
Ob nicht der Storch baid komme
Mit seinem rothen Körblein :
Es war beinah die Sonne
Schon unter, und noch hatten
Den Storch wir nicht gesehen.
Da kam auf einmal Vater:
Kommt, Kinder! rief er, sehet
Das Brüderlein. Wir liefen,
Und sahn das Brüderlein, und
Das rothe Körbchen; aber

Der Storch war unterdessen
Schon wieder weggeflogen.

Da fragt Klymene leise
Die Mutter: Sag' doch, Mutter!
Hat denn der Storch auch mich so
Gebracht im rothen Körbchen?

Dich fand ich, sprach Alcimna,
Auf weichem Grase zwischen
Zwei schönen Rosenstöcken
In unserm Garten.

             Kinder!
Rief allen aus der Hütte
Die Ahnin zu, es wartet
Das Mahl auf euch. —

             Da traten
Sie in die niedre Hütte,
Rings wie mit einem Netze
Von Reben überzogen.
Und als sie allen Göttern,
Die den Olymp bewohnen,
Gefleht, und sich Dianens
Besonderm Schutz empfohlen,
Und Wein und Milch gespendet;
Da setzten sie sich alle
Zum frohen Mahle: zwischen
Den Ahnen beide Enkel,
Den jüngsten hält versorgend
Die Ahnin auf dem Schooße.

Der Bienen flüssig Ambra
In glänzendschwarzer Schale
Umstehn, auf gelben Tellern,
Die junge zarte Butter
Und duftigfrischer Käse;
Dann in geflochtnen Körbchen
Hier Pfirsiche und Kirschen;
Da Pflaumen, Birnen, Äpfel
Mit frischen Rosenwangen;
Dort die anmuth'gen Töd'ter
Der Rebe, mannichfaltig
An Farbe und an Größe.
In schöngeschnitzten Krügen,
Aus denen Urgroßahnen
Schon tranken, laden Düfte
Noch ungegohrnen Mostes
Und frischer Milch die Gäste
Zum Trinken ein.

Sie hatten
Von allem zur Genüge
Genossen, und den Göttern,
Die den Olymp bewohnen,
Gedankt und sich Dianens
Besonderm Schutz empfohlen;
Da führte sie die Ahnin
Zum schönsten Ort des Gartens,
Den sie Dianens -Ruhe
Seit jenem Tage nennen,
Wo, von der Jagd ermüdet,
Die Göttin hier geruhet.

Es war ein Felsenhügel,
Mit üppigem Gesträuche
Bedeckt, der Anfang oder

Das Ende des allmählig
Sich senkenden Gebirges.
Ein Bach, der Sohn der Berge,
Der laut, doch ungesehen,
In dunkelm Felsenbette
Von Fall zu Fall herabrauscht,
Entstürzet hier dem Hügel,
Und decket eine Höhle,
Die hinter ihm geräumig
Sich in den Fels vertiefet.
Sein Sturz im Sonnenstrahle
Gleicht einem Silberteppich
Durchwirkt mit Regenbogen,
Den Zephyrs Hauch beweget.

 Den Eingang in die Höhle
Schmückt beiderseits ein Halbkreis
Von auserkornen Blumen,
Die ehedem Menalkas
Gepflanzet und gepfleget.

Es hatten, nah der Höhle,
Sich all' im Gras gelagert,
Da sprach zu beiden Enkeln
Die Ahnin: Du, Menalkas,
Und du Klymene, beide
Seid ihr jetzt schon verständig
Genug, um zu begreifen,
Was ich euch sagen werde.

In dieser Grotte ruhte
Einst, von der Jagd ermüdet,
Diana.   Da, zur Rechten,
Wo ihr den goldnen Wurfspieß
Und eine Schale sehet,

Da ruhete die Göttin.
Noch seh' ich sie in ihrer
Reizvollen schlanken Größe.
Dein Mond an Schimmer ähnlich,
Prangt' in dem blonden Haare
Ihr Diadem. Ich kann euch,
O Kinder, nicht die Schönheit"
Der himmelblauen Augen
Und ihre sanften Blicke
Beschreiben. Eure Mutter,
Zu der Zeit nicht viel älter
Als du, Klymene! brachte
Den ganzen Tag im Garten
Hier zu, beschäftigt, alle
Hier blühenden Gewächse
und Blumen zu begießen,
Mit jener Schale Wasser
Aus diesem Bache schöpfend.
Gefällig gegen alle,
Ging ohne Furcht selbst Fremden
Entgegen sie, und fragte
Sie freundlich, was sie wünschten.
Auch wurde sie von allen
Geliebt. Nun eines Tages,
Als sie, von ihrer Arbeit
Ein wenig auszuruhen,
Vom andern Gartenende
Durch das Gebüsch hierher kam,
Erblickte sie auf einmal
Dianen in der Grotte.
Sie wußte nicht, und konnte
Nicht wissen, daß Diana
Es sei. Doch gern behülflich,
Schöpft schnell mit ihrer Schale,
Die Müde zu erquicken,

Sie Wasser aus dem Bache,
Und eilet nach der Grotte,
Der Fremden es zu reichen.

Mit Danke nahm's die Göttin.
Da eilte schnell Alcimna
Auch uns herbei zu rufen.
Kommt, sprach sie, liebe Eltern,
Ein wunderschönes Weib kam,
Müd' von dem Weg, zu ruhen
In unsrer kühlen Grotte.
An ihrer Seite stehet
Ein Stab mit goldner Spitze.
Als über diese Worte
Sie uns erschrecken sahe,
Da sagte sie: O fürchtet
Euch nicht; so freundlich, gütig
Hab' ich von allen Mensden
Noch Niemanden gesehen.
Sie lächelte, da sorgsam
Die volle Schale Wassers
Ich ihr zur Labung brachte,
Und dankte mir so freundlich,
Und fragte, wie ich hieße.
Und unerschrocken sagt ich
Alcimna. Doch ich kann euch
Nicht sagen, wie wohlklingend
Und sanft war ihre Stimme.

Wir gingen hin und glaubten
Es habe vom Gefolge
Dianens eine Nymphe
Vielleicht sich hier verirret,
Und sannen, wie wir würdig
Die Hohe zu bewirthen

Vermöchten. Aber denket
Euch unsern Schrecken, als wir
Am Diadem erkannten,
Es sei Diana selber.
Anbetend warfen beide
Wir uns zur Erde nieder:
Doch: Stehet auf, so sprach sie,
Und sagt mir, ist dies fromme
Liebreiche Mädchen euer ?

Zu sprechen unvermögend,
Bejahten wir's mit stummer
Bewegung unsers Hauptes. —

Nun dieses Kindes wegen
Sei euer Stamm von jetzt an
Auf immer in Dianens
Unmittelbarem Schutze.
Und jeder fromme Wunsch sei
In Zukunft euch gewähret.

So sprach sie, und Alcimnen
Zulächelnd, schied die Göttin,
Den goldnen Speer hier lassend.

So sprach Klymene. Alle
Durchbebt ein heiliger Schauer
Beim Anblick jenes Speeres.
Und alle saßen schweigend.
Da tönt in nahen Walde
Die Stimme eines Kukuks, "
Und Freude folgt dem Ernste
Auf dem Gesicht der Kinder.
Doch aus Alcimnens Augen
  Stürzt jetzt ein Strom von Thränen.

Was ist das? fragen ängstlich
Menalkas und Klymene.

Das will ich euch erzählen,
Erwiederte Amintas.

Vier Monde sind's, da gingen
Im Glanz der Abendröthe
Wir beide mit den Kindern
Um Rande unsers Waldes.
Auf einmal schaut zu unsrer
Und unsrer Kinder Freude
Uns eines Rukuts Stimme
Aus dem Gehölz entgegen.
Neugierig fragten alle
Wir vielerlei den Vogel,
Und freuten uns der Antwort,
Die oft mit unsern Wünschen
Zusammentraf. Da wagte
Zuleßt Alcimna schüchtern
Den Vogel auch zu fragen:
Wie viele frohe Sommer
Die Götter uns noch schenken
Nur Einen, war die Antwort
Des Vogels. Doch wer wollte
Ihn für untrüglich halten?
Jedoch von diesem Abend
Verlor Alcimnens Frohsinn
Sich sichtbar; und kaum hatten
Die Ernte wir vollendet,
So eilte ich wie möglich
Zu euch hieher. Erst heute
Sah ich zum ersten Male
Sie wieder völlig heiter. —

Und hätte auch der Vogel,
Nahm jetzt das Wort Menatkas,
Die Wahrheit dir, Alcimna,
Verkündet; warum weinen,
Wenn uns die Götter winken?
Laß scheidend ich euch alle
Nicht in der Götter Schutze?
Frohsinnig, wie du selber
Das eigne Dach verliesest,
Zur väterlichen Wohnung
Mit Flügelschritten wandernd,
So heiter werdet ihr mich
Zur Wohnung wallen sehen
Der allgerechten Götter.
Wie dort die Abendsonne,
Die wolkenfrei und strahlend,
Und freundlich noch uns winkend,
Jenseits der Berge sinket,
Will meine Bahn ich enden,
Des Wiedersehens sicher.

Menaklas schwieg; da kehrten
Zur Hütte sie und setzten
Beim leichten Abendmahle
Das trauliche Gesperäch fort,
Bis gross und roth im Süden
Der Mond erschien. Voll Ehrfurcht
Erhuben sie beim Anblick
Der schönen Diana
Sie sich von ihren Sitzen,
Und beugten leisebetend
Vor ihr sich bis zum Staube;
Dann gingen sie zur Ruhe,

Und seinen schönsten Träumen
Befahl der Gott des Schlafes
Ihr Lager zu umschweben.

Drei Tage noch verweilten
Bei den geliebten Eltern
Amintas und Alcimna
Als jetzt die Morgenröthe
Des vierten Tags am Himmel
Erschien, begaben beide
Sich zu Dianens Grotte,
Und flehten lang und brünstig
Zur Göttin für die Wohlfahrt
Der Eltern und der Kinder.
Voll Heiterkeit und Ruhe
Zur Hütte wiederkehrend,
Vernehmen sie der Ahnin
Und der schon wachen Kinder
Ununterbrochnes Lachen.
Denn kindisch mit den Kindern,
Ließ liebreich sich die Ahnin
Herab zu ihren Spielen.
Als endlich zur Genüge
Sie Speis und Trank genossen,
Um emsig einem jeden
Die Ahnin noch ein Körblein
Voll auserles'ner Früchte
Gereicht; da hing Alcimna
Lang an dem Hals der Eltern,
Unfähig sich beim Abschied
Der Thränen zu erwehren.
Es segneten die Ahnen
Die Kinder und die Enkel;
Da sagte zu dem Ahnen
Der muntere Menaikas:

Großvater! komm doch zu uns,
Dann wollen wir zusammen
Den Drachen steigen lassen:
Du schnellst ihn, und ich laufe;
Da wirst du sehn, ob einer „
So läuft wie ich. Großvater!
O komm! nicht wahr,
Du kommst bald ?
Und du mit ihm, Großmutter!
Sprach bittend zu der Ahnin
Die schmeichelnde Klymene.
Wir kommen, Kinder, kommen,
Erwiederten die Ahnen.

 So schieden sie. Es blickten
Die Wandernden so lange "
Zurücke, und es sahen
Die Ahnen ihren Kindern
So lange nach, bis ferne
Ein Hügel zwischen sie trat,
Auf immer von einander
Die Liebenden zu trennen.

Gedankenvoll und schweigend
Begaben sich zur Grotte
Menalkas und Klymene,
Und setzten sich am Eingang
Einander gegenüber.

Da sprach Menalkas: Ob sie
Gleich Jahre lang nun Weib schon
Und Mutter ist, so ist sie
Doch stets noch so gefühlvoll "
Und zärtlich, wie als Kind sie

Stets gegen uns gewesen.
Es gaben uns die Götter
Ein einzig Kind, Klymene !
Doch welcher Vater kann sich
Mit mir an Glücke messen?
Und diese Kindeskinder ?
Der Knabe so gesellig,
Ehrliebend und so offen!

Klymene

Wie zärtlich und bescheiden ,,
Dies Mädchen ohne Gleichen !

Menalkas

Und wie Amintas unsre „
Alcimna liebt! oh, lieben ,
Ist nicht das Wort; verehret,
Vergöttert wollt' ich sagen.

Klymene

Wie ist beim kleinsten Unfall
Er nicht um sie bekümmert,
Und jeden ihrer Wünsche
Belauscht er, als ob heut erst
Er sie von uns empfangen.

Menalkas

Was bleibt, o Weib, auf Erden ,
Uns noch zu wünschen übrig ?

Klymene

Nichts, als vereint zu sterben.

Menalkas

Gewähr' auch diesen Wunsch noch
O gütige Diana!"

So rief, die frommen Hände
Empor zum Himmel hebend,
Menalkas aus. Da dringen
Urplötzlich ihre Füße
Als Wurzeln in die Erde;
Sie sehen ihre Körper
Allmählig sich verschrumpfen,
Und stufenweis zu Stengeln
Von unbekannten Blumen
Sich bilden. Beide rufen
Mit halberloschner Stimme:
Dank dir, daß unsre Wünsche,
O Göttin, du erfüllest!
Und dann: leb' wohl, Klymene!
Leb wohl, Menalk! Da waren
In Nelken sie verwandelt,
Dianens Lieblingsblumen.

Poetische Versuche

Zweiter Teil

Korinne, eine der berühmtesten Dichterinnen des Alterthums, war nach Einigen in Tanagra, nach Andern in Theben geboren, und Pindar's Zeitgenossin. Myrto gab dem einen und der andern Unterricht in der Dichtkunst. Einige behaupten, Korinne habe Pindarn fünfmal im Gesange besiegt; Andere sagen nur, sie sei die erste Dichterin gewesen, die in den großen griechischen Spielen um den Preis gekämpft habe. So viel ist aber gewiß, daß sie die Zierde aller öffentlichen Spiele Böotiens war. Auf diese wenigen Überlieferungen gründen sich die folgenden Gedichte, in deren Entwurfe man den freien Spielraum benutzte, den die Unbestimmtheit der Zeitrechnung gestattet.

Karl-Friedrich von Grossheinrich

Korinne Gedichte
oder
Elisens Denkmal

Ihrer Majestät der allergnädigsten Kaiserin
Elisabeth Alexiewna

An Myrto.

Nicht ferne von der Hütte,
Die mich gebar, erhebt sich
Ein Rosenhain. In seinem
Duftreichen Schatten wohnet,
Dem Aug der Welt verborgen,
Der Nachtigallen Perle.
Wenn sie ihr lied beginnet,
Enteilt, den Safranschleier
Schnell überwerfend, Eos
Der Dämmrung grauen Hallen;
Wie festlich kränzt der Himmel
Mit leichten Rosenwolken
Die lächelndheitre Stirne;
Indeß der Wiese Blumen,
Indeß der Waldung Blüthen,
Die Farbenkelche öffnend,
Mit lieblicheren Düften
Die Morgenluft erfüllen.

Wie aber Eis im Strahle
Der Frühlingssonne schwindet,
So schwinden in dem Busen
Der Sterblichen die Sorgen
Bei ihren Zaubertönen.
Und singet sie von Liebe,
So scheint es, als erhebe
Die Erde sich zum Himmel,
Und werde selbst zum Himmel,
Und Sterbliche zu Göttern.

Gelingen je mir Lieder,
Den Horchenden nicht lästig;
So dank' ich dir es, Myrto,
Des rührenden Gesanges,
Der süßen Leier Fürstin !
Die mich schon in der Kindheit
Zerstreuungsvollen Tagen
Dem Dienst der Musen weihte.

Natur und Kunst oder
Der Kopaische Fischer

Laßt ab von euerm Zorne,
Des Seees gute Kinder!
Und eurer Inseln Ufer
Hab' ich die lange Nacht durch
Mich müd' gewacht, und bringe
Dem Weibe und den Kindern
Jetzt heim, was ihr bescheertet.
Tragt ruhig meinen Nachen
Ans Ufer, gute Wellen!
Zeigt euch als würdige Kinder
Des Sees, der mich ernähret. ...

Ihr achtet nicht der Bitte.
Gab ich denn je, o Wellen,
Euch Anlaß, mir zu zürnen?
Hab' je an dem Gestade
Die Stellen, wo ihr spielet,
Durch Dämm' ich euch verkümmert ?
Ihr raubtet jüngst im Sturme
Ein Schaf mir, das zu weit sich
Gewagt an euerm Ufer;
Sucht' ich mich je zu rächen?
So seid auch ihr denn billig,

Und laßt den müden Vater
Zu seinen bangen Kindern,

Den Gatten zu der Gattin
Jetzt kehren, die vor Angst bebt ....

Doch ihr, so scheint's, verspottet
Mein Flehen, drängt in Schaaren
Euch um mein Boot, und schaukelt,
Des Nachens Lauf verzögernd,
Ihn neckend von der einen
Zur andern Seite ? Habt doch
Erbarmen mit mir Armen!
Ich höre meiner Kinder
Angstvoll Geschrei, ich sehe
Des Weibes bleiche Wangen!
Laßt es genug sein, Wellen!

Doch wie ? Je mehr ich flehe,
Je frecher wird, entartet
Geschlecht, dein Widerstreben?
Du denkest mich noch lange
Vom Ufer zu entfernen.
So laß denn in die Wette
Uns kämpfen: müde sind zwar
Vom nächtlichen Geschäfte
Die Arme mir, doch soll dir
Dein Anschlag nicht gelingen.
Uuf! hebt euch nun so drohend
Ihr es vermögt, vereint euch
So viel ihr seid, und stürmet
Lautheulend gegen dieses
Wehrlose Boot; ich fürchte
Euch nicht, ich spotte euer.
Gedankenlose Brut! was

Vermagst du gegen Kunst? Seit
Jahrtausenden bewegst du
Dich immer gleich. Es erbten
Die Eltern von den Ahnen
Nichts Neues, und erfanden
Nichts Neues ; so wie jene,
Gedankenlos dem Antrieb
Gedankenloser Winde
Gehorchend, sich erhuben,
So hebt ihr euch noch jego,
Nur eine Art des Angriffs,
Des Kampfes kennend. Und ihr
Wagt mich, das Kind der Kunst, das
Mit stolzem Wohlgefallen
Sie bildete und stählte,
Dem tausendjähr'ge Klugheit
Sie in die Seele legte,
Mich wagt ihr zu bekämpfen?
Ja, heulet, raset tobet,
Furchtbare, sieggewohnte,
Nie überwundne Wogen!
Seht, euer höhnend, tanzet
Mein leckes Boot auf euern
Lautzischenden, geschwollnen,
Geschaarten Schlangenköpfen
Dahin, wie über Blumen
Der Schmetterling, und ruhet,
Eh' ihr es euch versehet,
Am sicheren Gestade.

Ich bin, und laß' euch's fühlen,
Zu euerm Herrn geboren.
Denn es erfand mein Urahn,
Mit Achtsamkeit das Schwimmen
Des stolzen Schwans erspähend,

Den Nachen und die Ruder;
Mein Ahn ersann das Segel,

Und die Erfindung beider
Verbesserte mein Vater.

Ihr aber, stolze Winde,
Der Luft verwegne Söhne,
Wißt, daß der Schwan zuweilen,
Den Adler zu bekämpfen,
Den Wogen sich entschwinget.
Habt denn nur noch ein wenig
Geduld; vielleicht gelinget
Es einem meiner Enkel,
Vielleicht schon meiner Söhne,
Das Mittel zu entdecken,
Dies Boot ins Reich der Wolken
Empor zu heben. Kühn dann
Durchschiffen sie die Ebnen
Des unterworfnen Äthers,
Der Stürme junge Herrscher;
So wenig euer achtend
Und eures Widerstandes,
Als ehemals ihr Vater
Des Widerstands der Wellen.

Helike

Ein Chor von Hirten

Dankt, Sterbliche, den Göttern
Für jede ihrer Gaben;
So neigen sie auch künftig
Ihr Ohr zu euerm Flehen.

Gleichgültig ist den Göttern
Der Duft der Hekatomben;

Mit Wonne aber sehen
Sie dankerfülte Herzen.

Doch Undank von dem Manne,
Den sie erhöht, empört sie:
Sie stürzen ihn noch tiefer
Als sie ihn einst erhoben.

Der Wanderer

Zeigt mir den Weg, o Hirten,
Zur prächtigen Helike,
Der Lieblingsstadt Posidons;
Hier kann sie nicht mehr fern sein....
Ihr starrt mich an, o Hirten,
Mit schweigendem Erstaunen
Ihr selbst vielleicht seid Fremde,
Die heut zum ersten Male
Auf diesen Fluren ihre
Zahlreichen Heerden weiden?

Einer der Hirten

Wohl uns, o Fremdling, wären
Wir fremd auf dieser Küste,
Und hätten nicht Helikens
Graununtergang gesehen!
Dort, wo die Wogen schäumen,
War einst Helike. Patra
Und Legium und alle
Um Meer gelegnen Städte
Achaia's überglänzend,

Hob, von Posidon selber
Gegründet, sich Helike.
Selbst sein Korinth verlassend,
Kam oft der Meerbeherrscher,
In ihren goldnen Tempeln
Und Hainen gern verweilend.
Und stets mit neuer Wonne
Sah er in ihrem Hafen
Sein lebenathmend Bildniß,
Ein gleichenloses Wunder
Der Kunst. Oft wenn die Wogen
An ihre Mauern schlugen,
Sah man ihn selbst, mit Zorne
Im Zug' den Dreizack schwingend,
Die wüthenden von seiner
Geliebten Stadt vertreiben.
Und dennoch ließ, durch Güte
Verwöhnt, sie seinen Tempel
Am Hafen bald verfallen.
Da hob des Zornes Flamme
Sich in Posidons Busen.
Er selbst erregt die Wogen,
und führt, verderbenbrütend,
Die flüssigen Phalange
Zum Sturm. Indeß die Wogen
Die Mauern wild ersteigen,
Trennt er mit Dreizackstößen
Die Bande, die Heliken
Ans sichre Ufer ketten;
Zerstört die ehrnen Lagen,
Auf die er selbst sie baute,
Und mit unwil'gem Fuße
Stößt er sie in die Tiefe.

Zuweilen, wenn die Wogen

Zur Mittagsstunde schlummern,
Wagt, Fremdlingen willfahrend,
Sich im verwegnen Kahne
Ein Fischer an die Stelle;
Und mit Entsetzen sehen
Sie in der klaren Tiefe
Helikens lange Mauern,
Prachtvolle goldne Dächer,
Hoch aufgethürmte Säulen,
Und das noch steh'nde Bildniß
Des schrecklichen Posidons.

Der Ursprung der Flöte

Da, wo in des Ropais
Meerähnlich Felsenbecken
Der schilfbekränzte Melas
Die reiche Urne leeret:
Liebt, wenn die Abendsonne
Dort hinter des Parnasses
Goldkuppen niedersinket,
Die Zier der Nachtigallen
In ungestörter Stille
Ihr rührend Lied zu singen.
Selbst Fische, ihr zu lauschen,
Enttauchen weithinglänzend
Der klaren Wasserfläche.
Das Chor der Vögel schweiget,
Es horcht der See, die Waldung,
Und auf den Zwillingsgipfeln
Des delphischen Gebirges
Verweilt die Abendröthe,
Den Zaubertönen horchend,
Indeß ihr Purpurschleier
Der Berge Stirn umflattert.

Mit leisen Schritten, um nicht
Die Sängerin zu schrecken,

Naht schleierlos, mit einer
Dreifachen Sternenkrone
Geschmückt, die Nacht und lauschet.
Ja, oft im Mondenscheine
Verlassen ihren Tempel
Und Ordomene's Fluren
Die Grazien, und gleiten
In silberhellem Nachen
Die schwarzazurnen Wellen
Des Melas sanft herunter,
An dessen linkem Ufer
Oft lange schon Athene,
Vom Zauberklang des Liedes
Herbeigezogen ruhet,
Dem nahen Heiligthume
Am Phalaros entwichen.

Die Sängerin, als fühlte
Sie der Göttinnen Nähe,
Beginnt in kühnern Tönen
Eh' kaum geahnte Weisen,
Rings ein elysisch Leben
Durch die Natur verbreitend.
Es säuselt, aber sanfter
Als von des Westes Odem,
Der Bäume fühlend Laub, und
Die Felsen, die wie Riesen
Den See umstarren, werfen
Jetzt minder schwarze Schatten
Auf seine leisern Wellen.

Doch keine Macht der Lieder

Rührt ungeheuer, welche
Der Götter Fluch belastet.
Indeß von einem Schilfrohr
Getragen, in ihr Lied sich
Die Sängerin vertiefet,
Entrauscht dem schwarzen Grunde
Ein grauser Basiliske,
Und hat, eh' sie ihn wahrnimmt,
Sie würgend schon verschlungen;
Ihr unschuldvolles
Blut rinnt am Schilf herab.

Entrüstet
Rächt ihren Tod Athene,
Mit einem Lanzenschlage.
Das Ungeheuer tödtend.

Auf einmal und in Tönen
Gedämpfter Äolsharfen
Beginnet zum Erstaunen
Der Göttinnen das Schilfrohr,
Auf welchem Philomele
Geschwebt, die Weisen ihres
Gesangs zu wiederholen.
Es lauschen die Göttinnen
Den Rest der kurzen Nacht durch
Den wunderbaren Tönen.
Und als am Morgenhimmel
Die Dämmerung sich zeigte,
Da sahn sie längs dem Rohre
In zarte Purpurstreifen
Das leichte Blut verwandelt,
Und mit dem dunkeln Grüne
Des Schilfrohrs lieblich wechseln.
Es hebet aus der Erde

Und formt das Rohr Athene
Zur anmuthsvollen Flöte,
Lockt Nachtigallentöne
Aus ihr hervor, und reichet,
Willfährig ihren Bitten,
Den Grazien das Kleinod.
Und seit der Zeit begleitet
Die Flöte statt der Leier
An Orchomene's Festen
Die lieblichen Gesänge
Zum Lob der Huldgöttinnen.

Delphinium

Ein Chor von Mådchen

Wir grüßen euch, o Nymphen,
Die ihr aus schönen Urnen
All'eure Wasser gießet,
Um diesen Bach zu bilden.

Ihr nährt an seinen Ufern
Dies schattige Gebüsche,
Den Badenden zur Hülle,
Unglücklichen zur Rettung.

Drum lasset, gute Nymphen,
Euch unsern Dank gefallen,
Und eure schönen Urnen
Mit Blumen uns bekränzen.

Eines der Mädchen

Doch waget, liebe Schwestern,
Euch ja nicht bis zur Mündung

Des Baches, da wo schäumend
Er in das Meer sich stürzet.
Ihr kennet die Gefahren
Des Meeres nicht. So friedlich,
Dem Anschein nach, und stille
Es vor uns liegt, so gierig
Verschläng' es uns, entschlossen
Wir uns es zu betreten.
So lockt der Glanz der Schlange,
Die sich in goldnen Ringen
Im Sonnenstrahl gelagert,
Die Nachtigall. Nichts ahnend,
Naht sich der Frühlingskehlen
Gepriesenste dem Unthier,
Das, mit weitoffnem Rachen
Herschießend, sie verschlungen,
Eh' sie Gefahr vermuthet.

Stets schwebet mir vor Augen,
(Denn oft erzählte mir es
Die Mutter, die als Kind hier
Gebadet) wie ein Mädchen,
Das, jeder Warnung trotzend,
Stets in das Meer hinausschwamm,
Im Angesicht der bleichen
Gespielinnen von einem
Auftauchenden Tritonen,
Trotz ihres Angstgeschreies,
Hinunter in die Tiefe
Entführet ward auf immer.
Sie haben des Tritonen
Mit Meergras und mit Muscheln
Bedecktes Haupt gesehen,
So viele ihrer waren.

Auch hört' ich aus dem Munde
Des jüngsten von den Brüdern
Der Mutter: Eines Tages,
Da er als Kind sich heimlich
Geschlichen aus dem Hause
Der Eltern, und, dem Beispiel
Nachahmend der bejahrten
Abwesenden Gespielen,
Auf einer Binsengarbe
Gefahrunkundig ruhend,
Sich diesem Bach vertraute,
Und keck ins Meer hinausschwamm,
Entschlüpfet ihm auf einmal
Der Binsenbund. Des Schwimmens
Unkundig, fängt zu sinken
Er an, und sinket, sinket
Stets tiefer und stets tiefer.
Jetzt schleppt vor ihm die
Schreckensgestalt sich eines schwarzen
Und ungeheuern Krebses
Ganz nah vorbei; dann etwas
Entfernter schlüpft rothäugig
Und droh'nd die Wasserschlange,
Die fürchterlichen Ringe
Aufrollend und entrollend.
Da sah er auf dem Meergrund
Den aus Kristall erbauten
Palast des Herrn der Wasser.
Ihn schmücken Säulenhallen
Von rosigen, azurnen
Und bräunlichen Korallen;
Dem Inneren entstrahlet
Das Schillern der Opale.
Auf hohem Throne ruhet
Beim finsteren Gemahle

Die heitre Amphitrite.
Am Thore des Palastes
Drängt ein unzählig Heer sich
Von Meeresungethümen,
Ein schauderhafter Anblick !

Hier hätte fast der Schrecken
Das arme Kind getödtet;
Doch es naht' ihm ein Delphin,
Und trug auf sicherm Rücken
Ihn an die Oberfläche
Der See, und dann ans Ufer.

Den Meeresgöttern weihte
Die Dankbarkeit der Eltern
Das Heiligthum am Meere,
Nach ihres Kindes Retter
Delphinium es nennend.

Der Hirt am Euripus

Dort liegen an der Küste
Die angestaunten Trümmer
Der in uralten Zeiten
Berühmten Stadt.... Was mochte
Die thörichten Erbauer
Bewegen, sich so nahe
Am schreckenvollen Reiche
Posidons anzusiedeln,
Des Erderschüttrers ?... Fehlte
Vielleicht in diesen Höhn es
An Höhlen ?... Oder wollten,
Mit der Natur wetteifernd,
Geräumigere Grotten
Sie bauen, und im Steine

Die reiche Laubverzierung
Nachahmend — übertreffen,
Womit in jedem Lenze
Sie ihrer Kinder Wohnung
Mit Üppigkeit umhänget?...
Ja, selbst der Erde Gränze
Verwegen überschreitend,
Und wie dem Meergott trotzend,
Erhob sich ihrer Hände
Ohnmächtig Werk im Meere.

Da schwang der Wogenherrscher
Im Zorne seinen Dreizack,
Schlug grimmig ein- und zweimal
Die Erde; die erbebte
Von Posidaons Stößen,
Und eingestürzet lagen
Die, wie sie dachten, ew'gen
Gebäude der Bewohner,
Der Wellen Spiel, die wüthend
Den Schlamm der Meerestiefe
Darüber wälzten, und sie,
Halb sichtbar, halb begraben,
Ein schauerhaftes Denkmal
Des Zorns der Götter, höhnend
Auf immer dann verließen.

Er singt

Mich schützet diese Höhle
In trüben Wintertagen
Vor Frost; im heitern Sommer
Vor Mittagsgluth und Regen.

Wie sehr das Meer auch wüthe,
Nie steigt's zu dieser Höhe;
Und Blitze sind erloschen,

Eh' sie so tief gedrungen.
Wohin mein Blick sich wendet,
Beut überall die Erde
Der süßen Nahrung Fülle
Der Heerde und dem Hirten.

Hier deckt das Gold der Primel
Die düftereiche Wiese;
Dort schmückt des Berges Neigen
Des Geisblatts Purpurblume.

Hier winkt bei Nektarbirnen
Des Apfels Rosenwange;
Dort die azurne Pflaume
Bei goldnen Amarillen.

Nicht schöner blüht die Rose
Im eingeschloßnen Thale,
Als auf den freien Bergen
Das Antlitz unsrer Mädchen.

Wer mag sich im Gesange
Mit unsrer Jugend messen?
Wer nimmt's im Flötenspielen,
Wer es mit uns im Tanz auf?

Wie eines Frühlingstages
Tonreiche Rosenstunden,
Entfliehen unsre Tage
Bei Tänzen und Gesange;

Und naht, nicht unerwartet,
Uns endlich auch der letzte,
So ist er uns willkommen:
Er führt uns zu den Göttern.

Das Nachen - Eiland

Die Wanderer

Sagt, Männer, ist denn dieses
Nicht des Cephifus Mündung,
Des größten von den Strömen,
Die Kopais, der größte
Von euern Seeen aufnimmt?
In unsern Jünglingstagen,
Auf unsre Stärke trotzend,
Vertrauten einst dem Strome,
Von Schnee und Regenbächen
Bis an den Rand der Ufer
Geschwollen und noch schwellend,
Wir unser schwaches Fahrzeug,
Des wohlgemeinten Rathes
Erfahrner Schiffer spottend.
Es trug uns wohlbehalten,
Um unsern Trotz zu nähren,
Durch Krümmungen und Felsen
Der Strom bis an die Mündung;
Hier aber brach voll Zornes
Er unsern Kahn an Klippen,
Die seine Fluthen deckten.
Mit Mühe nur erreichten
Wir schwimmend noch das Ufer:
So rächt an uns der Strom sich,
Dem wir zu trotzen wagten.

Den Ufern nach ist dieses
Cephifens Mündung; aber
Da war in jenen Tagen

Kein Eiland in der Mitte
Des Stroms zu sehn. Sagt, Männer,
Wie ist des Stromes Name ?

Die Hirten

Ihr irret nicht, o Fremde,
Ihr habt Cephissens Mündung
Vor euch; und alles, was ihr
Von eurer Fahrt, und euerm
Zerschlagnen Kahn erzähltet,
Vernahmen wir als Kinder
Aus unsrer Väter Munde.

Wie wunderbar, o Kinder
(So sprachen sie, dies Eiland
Und jene Riesentrümmer
Dort auf den Bergen zeigend)
Zuweilen die Natur sich
Benimmt in ihrem Wirken.
Indeß auf jenen Höhen
Dem Schein nach ew'ge Mauern,
Noch aus den Riesenzeiten,
Sie spielend bricht und ebnet;
Bedeckt im Bett des Flusses
Sie ein gescheitert Fahrzeug
Mit Schichten Sands und Erde.
Wirft auf das junge Eiland
Dann eine Blumenhülle ;
Trägt in den eignen Händen
Die reiche Brut des Hasen ,
Dahin und das Kaninchen;
Winkt drauf dem muntern Finken,
Der Wachtel und dem Hänfling,
Und ihrem Wink gehorchend,

Verlassen sie die Ufer,
Das Eiland zu bewohnen.
Schon hebt die junge Waldung
Ihr schattend Haupt, und bietet
Dem Eichhorn einen Spielraum,
Dem Hirschen eine Freistatt.

So sprachen unsre Väter.
Wir selber aber können
Uns noch genau besinnen,
Daß eine Rinderheerde
An einem schwülen Tage,
Indeß ihr Hirt dem Schlafe
Im Schatten jener Linde
Sich überließ, des Stromes
Untiefen kühn durchwatend,
Zuerst sich in dies Eiland
Gewagt. Nicht lange währt es,
Da zogen vorzugsweise
Wir mit den muntern Heerden
Zu seinen fetten Triften.
Doch seiner wunderbaren Entstehung
stets gedenkend,
Benennen wir es alle
Noch jetzt das Nachen - Eiland.

Korinne

Schon zweimal hatten alle
Bewohner Griechenlandes
Zu Delphi sich versammelt,
Und unter Beifallrufen
Die Sieger krönen sehen
Im Lauf' und Wagenkampfe:
Doch zweimal auch schon Pindar's

127

Erhabene Gesänge
Vermißt. Des Alters Schnee deckt
Das Feuerhaupt des Dichters,
Dem, ries'gen Flammensäulen,
Die in der Nächte Dunkel
Weit um sich strahlen, ähnlich,
Der Dichtung Glanzgeburten,
Von Menschen und von Göttern
Bewundert, einst entstiegen
Und einem unvermuthet
Erloschenen Vulkane
Gleicht Hellas erster Sänger.

Als er in Pytho's Mauern
Zum letzten Mal sein Lied sang,
Ward ihm der Preis, weil keiner
Mit ihm zu ringen wagte.
Und als ein ewig Denkmal
Steht seit der Zeit der Dreifuß,
Auf dem Apollo's Lob er
So oft besang, dem Throne
Des Gottes gegenüber
Im Heiligthum Apollo's.

Seit diese Götterstimme
Verstummte, wagten Sänger,
Die sonst aus Ehrfurcht schwiegen,
Der harrenden Versammlung
In sanften süßen Tönen,
Was Phöbus ihnen eingab,
Bescheiden zu dem Klange
Der Leier vorzusingen,
Zufrieden, wenn, wer Pindarn
Einst angestaunt, mit Zeichen
Des Beifalls ihnen horchte.

Ein Mädchen, dem die Götter
Zu hoher Schönheit Glanze
Die Gabe des Gesanges,
Und die noch höh're Gabe
Der Dichtung früh verliehen,
Tritt mit zwei Blumenkränzen
Beim Strahl der Abendsonne
Ins Heiligthum Apollo's:
Bekränzt Homer's Büste,
Bekränzt den Dreifuß Pindar's,
Und zwischen beiden knieend
Spricht sie mit Demuthsblicken:

O du, bei dessen Liede
Schon in den Kindertagen
Ich oft der Lieblingsblumen
Und meiner Lieblingstauben
Vergaß, und dir in deine
Aus dir erschaffnen Welten
Mit kühnem Fluge folgte,
Jetzt an Zeus goldner Kette *
Mit allen Göttern schwebte
Und Erd' und Meer; jetzt über
Des Oceans Gewoge **
Hinweg, den ehrnen Thoren
Der Unterwelt mich nahte,
Und unverzagt in Pluto's
Graunvolles Reich hinabstieg; -
Und du, der über alle
Den Musen theure Sänger
Nicht minder hoch emporragt,
Als über alle Berge,
Die thürmend ihn umstehen,
Des delphischen Parnasses

Gewölkumkränzte Scheitel:
Sagt, Zöglinge der Wahrheit,
Wär' wirklich denn der Menschheit
Zartfühlendere Hälfte
Durch einen Spruch der Götter
Bestimmt zu ew'ger Kindheit?
Obsiegten an dem Ufer
Thermodons nicht einst Weiber ***
Dem stärkeren Geschlechte
Selbst in des Krieges Künsten?
Und Künsten, deren Quellen
Der Seel' entströmen, sollen
Auf ewig sie entsagen?
Ihr über Neid und Scheelsucht
Erhabene Naturen,
Begünstigt durch Begeistrung
Das muthige, doch edle
Erkühnen eines Mädchens!
Nicht siegen will im Kampfe
Sie des Gesangs, nur retten
Die Ehre des Geschlechtes.

Es sinkt der Sonne Wagen
In die azurnen Wellen
Des Meeres jetzt. Da dringet
Durch's weite Thor des Tempels
Ein Strahl von ihr, und ruhet
Verklärend auf dem Antlitz
Homer's. Ein sanftes Lächeln
Scheint in die ernsten Züge
Des Sängers sich zu mischen.

Ich nehm' als Vorbedeutung
(Ruft hochentzückt Korinne)
Des glücklichen Erfolges

Dies Lächeln an, o Vater
Der Dichtung, Gott des Wohlklangs

In wechselvollen Träumen
Verfloß die Nacht. Jetzt tönet
Vom Kampfplatz her die Flöte,
Verkünderin des Anfangs
Der gottgeweihten Spiele.

Es eilet voll Begeistrung
Korinne zu der Bühne,
Wo schon zum Klang der Cither
Ein stattlicher Athener
Sein geistreich Lied gesungen,
Und die nun ein Bewohner
Der meerumfloßnen Chios
Betrat. Er sang, wie Pytho,
Das Schrecken der Umgegend
Am Fuße des Parnasses,
Von Phöbus Pfeilen hinsank,
Und wie zu seines Sieges
Verewigung Apollo
Die pyth'schen Spiele stiftet.

Es horchte die Versammlung
Dem Sänger mit Entzücken.
Da sah sie mit Erstaunen
Ein Mädchen sich den Richtern
Des Kampfes nahn, die Leier
In einer Hand, die Rolle
Mit ihrem, ihrer Eltern
Und ihrer Heimath Namen
Darreichend mit der andern.

Es winkten ihr die Richter
Die Bühne zu besteigen.
Und als den Geist der Hörer
Sie durch ihr Spiel gefesselt,
Begann mit einer Stimme,
Der Musen nicht unwürdig,
Zur Leier sie zu singen:

Am letzten Silberfalle
Kastaliens ruht Phöbus,
Und schaut mit stolzer Wonne
Auf die erlegte Pytho,
Auf seinen künft'gen Tempel,
Auf die unzähl'gen Pilger,
Auf ihre reichen Gaben
Und unsre Spiele nieder.

Da hört' er wie das Rauschen
Von eines Schwanes Flügeln
Dicht hinter sich. Er wendet
Sich schnell, und siehet Amor,
Den Bogen in der Hand, sich
Ihm nähern; es erklangen
Die Pfeil' im goldnen Köcher
Bei jedem Schwung des Gottes.

Mit spöttischer Verachtung
Betrachtet Phöbus schweigend
Chyterens Sohn, der emsig
Bald an dem Silberbogen,
Bald an dem goldnen Köcher
Voll Selbstgefallens tändelt.

Ist euer so gepriesnes
Cythere denn so sehr arm

An Spielzeug, das dir anstünd',
O Kind, daß du, des Tages
Langwierig träge Stunden
Zu kürzen, deine Zuflucht
Zu Waffen nimmst, die wahrlich
Nur unserm Arme ziemen?« -

Es opfern fromme Pilger
Auf unseren Altären
Was nur in Gold und Silber
Die Künste Schönes bilden;
Doch wagen wir zuweilen,
Zum Scherz, uns an was Größers,
Und suchen manchmal stolze
Besieger zu besiegen. -

Da nahm der Sohn Cytherens
Zwei Pfeile, einen goldnen
Mit scharfer Spitz' und einen
Aus stumpfem Blei. Der eine
Entflammt im Herzen Liebe,
Der andere zeugt Abscheu.

Er schnellte auf Apollo
Den goldnen Pfeil; den andern
Auf ein goldlockig Mädchen,
Das längs dem schönen Ufer
Des väterlichen Peneus
Der Spur des Wildes folgte;
Denn groß ist Amors Macht, und
Weit reichen seine Pfeile.

Da lodert Lieb' im Busen
Apollo's auf. Nun gnügt ihm
Sein Delphi, das sich täglich

Verschönert, und der Tempel
Nicht mehr, deß ew'ge Mauern
Voll Pracht sich heben. Rastlos
Zieht ihn der Drang des Herzens
Nach Tempe's Flur hinüber.

Da sah er Daphnen. Schöner
Als je die Liebesgöttin
Und ihre Töchter scheinet
Die Sterbliche dem Gotte.
Für Daphnen hätt' er willig
Dem Götterstand entsaget.

Doch Götter sind nicht minder
Das Spiel der Launen Amors.
Kaum sah den Gott das Mädchen,
Als Abscheu gegen ihn schon
Ihr Herz erfüllt. Sie fliehet,
Gleich eines Unthiers Anblick,
Den Gott, der unermüdlich
Die Fliehende verfolget.

Bin ich etwan ein Räuber,
O Nymphe, oder einer
Der Hirten dieses Thales,
Deß Armuth du verachtest,
Du eines Gottes Tochter?
Wiss', ich bin Zevs und Leto's
Gepriesner Sohn; Dianens,
Der du dich weihtest, Bruder.

Flieh' langsamer, auch ich will
Dich langsamer verfolgen,
Damit kein Dorn, kein Stein dir
Den zarten Fuß verwunde,

Sieh mich erst an! dann magst du,
Mißfall' ich dir, mich hassen.

Umsonst. Sie flieht, und langt nun
Am väterlichen Ufer
Erschöpfet an: O Vater!
So ruft sie mit Entsetzen,
Beschütze deine Tochter!
Und kannst du nicht, so tilge

Auf immer diese Reize,
Die mir Verderben brachten!

Der Wunsch ist kaum den Lippen
Entflohn, als unbeweglich
Ihr Leib erstarrt, mit Rinde
Sich deckend; Wurzeln schlagen
Die leichten zarten Füße,
Die Arme werden Äste,
Ihr fliegend Haar zu Laube,
Zum Lorbeerbaum wird Daphne.

Tief seufzte bei dem Anblick
Apollo. Endlich sprach er:
Du wolltest meine Gattin
Nicht sein, so sei mein Baum denn.
Dein Laub bekränze stets mir
Altar, und Haupt und Leier. -

Hier schwieg Korinne. Neuheit
Des Stoffs, der Klang der Stimme,
Die Fertigkeit des Spieles,
Des Mädchens Muth und Schönheit
Entzückt die Meng'. Das Urtheil
Der Richter kaum erwartend,

Erkannte sie mit Einmuth
Als Siegerin Korinnen.

Schon zweimal hatt' ein Herold -
Korinnens, ihrer Eltern
Und ihrer Heimath Namen
Der Menge laut verkündet;
Da scholl am Eingang plötzlich
Der Ausruf: Pindar! Pindar!

Und alle wiederholen
Den Ausruf: Pindar! Pindar!

Mit eines Gottes Hoheit
Naht durch der Menge Reihen,
Die ehrfurchtsvoll zurücktritt,
Er sich dem Sitz der Richter,
Die alle sich erheben
Vor dem gekrönten Sänger,
Und spricht: Nicht jungen Sängern
Den Lorbeer zu entreißen,
Kam ich hieher, o Richter!
Ihr könntet nur aus Schonung
Ihn geben für mein Alter.
Laßt eines schönern Sieges
Den Greis sich heut erfreuen,
Des Sieges: neidlos jüngre
Verdienste zu bewundern.
Wer sollte eure Lenze
Verschönern nach dem Tode
Der alten Nachtigallen,
Wenn ihr den Zauberstimmen
Der jüngeren Bewundrung
Und lautes Lob versagtet?

Es reichten ihm die Richter
Den Lorbeerkranz. Es suchte
Sein spähend Aug' Korinnen,
Die gerne sich den Blicken
Der Meng' entzogen hätte.
Doch aller Augen ruhten
Auf ihr, und zeigten Pindarn
Die Siegerin. Da nahte
Mit lächelndheiterm Antlitz
Er ihr, den Kranz hochhaltend:

Empfang' aus Pindar's Händen
Den Kranz des Siegs, Korinne!
Sei Thebens Stolz und Wonne,
Wie Pindar es gewesen!

So sprach er, und befestigt
Den Kranz auf ihrem Haupte.

Zwei unter einem Lorbeer
Entblühten Rosen ähnlich,
Auf denen Eos Thränen,
Sie noch verschönernd, zittern;
Steht mit hochrothen Wangen
Vor der Versammlung Blicke
Die glückliche Korinne.

*   Iliade 8 Ges. 18-27
**   Odyssee 11 Ges. 14-19
*** Die Amazonen

Der Schiffer an die Liebenden

Steigt dreist in meinen Nachen,
Und fürchtet nichts, ihr Kinder !

Oft war das Reich der Wellen
Die Freistatt treuer Liebe.

Vernehmt, was mir als Kinde
Der graue Ahn erzählte,
Und was er selbst von Greisen
In seiner Kindheit hörte.

In einem Kahn, nicht grösser
Als ehmals deine Wiege,
Mit rosenfarbnem Segel
Und leichten goldnen Rudern.

Bei sonnenklarem Himmel
Und stiller Luft, wagt' Amor
Aus einem Fluss, der Paphos
Durchströmt, ins weite Meer sich.

Der farbenreiche Bänder,
Die von dem Mast' im Winde
Hinflattern, sich freuend
Fuhr Amor voll Behagen,

Mit abgemessnen Schlägen
Die blasue Tiefe theilend,
Mit schneller Kunst das Segel
Dem sanften Weste bietend,

Doch endlich von der Arbeit
Und von der Gluth des Tages
Ermüdet, schlummert Amor
(Er ist ein Kind) im Kahne ein.

Da schwärzt den heitern Himmel,
Und rüttelt aus dem Schlummer
Die ruhenden Gewässer
Der Meerestief' ein Sturmwind.

Zwei Schiffe, reich beladen
Das eine mit Gewürzen
Arabiens und Sidons
Kunstvollen Purpurstoffen;

Das andere mit Waffen,
Womit nie satte Herrschsucht
Ein Winkelchen der Erde
Zu unterjochen eilet:

Sie wiegt der Sturm lautheulend
In fürchterlicher Wiege,
Und schleudert endlich beide
An scharfe Felsenspitzen;

Dass Schätze und Bemannung
Wie Blei zur Tiefe sinken,
Und die zerstreuten Trümmer
Wie Schilf das Meer bedecken.

Doch selbst im Zorn noch ehren
Die Wogen Amors Kähnlein,
Behutsam es die eine
Der anderen hinreichend;

Und sanft setzt es die letzte
Auf's sichere Gestade,
Der Tiefe schönste Muscheln
Rings um das Kindlein ordnend,

Damit es beim Erwachen
Die Mutter nicht vermisse,
Und sich sein flatternd Denken
An diese Muscheln knüpfe. —

Drum steigt in meinen Nachen,
Und fürchtet nichts, ihr Kinder !
Es ist das Reich der Wellen
Die Freistatt treuer Liebe.

Homer's Schwanenlied

Eine Schaar von Mädchen

Komm näher, junger Fremdling!
Zwar Chios ist ein rauhes,
Von Felsen starrend Eiland;
Doch weder rauh noch hart sind
Die Herzen der Bewohner.
Komm, siehe unsre Tänze,
Und höre unsre Lieder,
Damit, einst heimgekehret,
Wenn du in Winternächten,
Am warmen Herde sitzend,
Den aufmerksamen Nachbarn
Von deinen Wanderungen
Erzählest, du uns rühmest,
Und unser froh gedenkest.

Der Fremdling

Gern horche, schöne Jungfraun,
Ich euerm holden Liede;
Gern schau' ich eure Tänze;
Doch saget mir zuvor nur,

Des Wandrers Neugier stillend,
Was soll dies Riesendenkmal,
In diesen Fels gehauen?
Vor einem Sieger knieet,
In vieler Todten Mitte,
Ein Fürst, und fleht, auf Weiber
Und Kinderschaaren zeigend,
Um Schonung ihn und Frieden.

Die Mädchen

Wer kümmert um den Namen
Des Mannes sich, deß Leben
Nur eine lange Kette
Von mörderischen Schlachten
Und gräulicher Verwüstung.
Nur wer den Menschen nützet,
Verdient im Angedenken
Der Menschen fortzuleben.
Du aber komm' und siehe,
Wie eines Sängers Ruhm sich,
Jahrhunderten zum Trotze,
Erhält und ohne Denkmal.

Siehst du dort jenen Felsen
Am Meer ? Die Sonne liebt ihn,
Verläßt ihn nie, und hüllt ihn,
Sobald der Lenz beginnet,
In einen Blumenmantel,
Der Fremdlinge Bewundrung.
Auf seiner Meeresseite
Erhebt, von wilden Rosen
Und Epheu kühl beschattet,
Ein Sitz halbzirkelförmig
Von Moose sich. Hier pflegte,

Die Jugend vorbereitend
Zur Feier unsrer Feste,
Homeros einst zu sitzen.
So sagten uns die Mütter,
Wenn sie von den Gebräuchen
Uns jener Zeit erzählten.
Gefällig sang der Jugend
Er seine inhaltsreichen
Erhabenen Gesänge
Dann vor, sich auf der Leier,
Der göttlichen, begleitend ;
Und endete die Lehre
Nicht eher, als bis jeder
Den ihm bestimmten Antheil
Des Liedes ohne Fehler
Zu singen sich, bewußt war.
Am Tag des Festes aber
Ließ er sich in der Mitte
Der Jugend um ihn nieder;
Zu seiner Leier Tönen
Sang jedesmal ein Chor dann
Von Jünglingen und Jungfraun
Sein neu'stes Lied, indessen
Ein andres Chor den Inhalt
Des anmuthsvollen Liedes
In holdem Tanze darstellt.

Wir wollen dir zu Liebe
Sein letztes Lied (wir führten's,
Uns zu den nahen Festen
Bereitend, kurz vor dir auf)
Zu Leier und Gesange
In anmuthsvollem Tanze
Von neuem wiederholen.

(Sie singen und tanzen)

142

Kallirhoe, die Hirtin,
War unter allen ihren
Gespielinnen die schönste.
Hoch wie die junge Palme
Des Haines andre Bäume
All' überragt, erhub sich
Der (schlanke Wuchs der Huldin.
Geliebt und liebend sinnet
Sie nur, wie sie erfreue
Die Schaar, die um sich weilet.
Sie legt der einen Haare
In lieblichere Locken ;
Flicht um der andern Schläfe,
Das eigne Haupt beraubend,
Den Kranz erlesner Blumen;
Befestiget am Busen
Der dritten mit mehr Anmuth
Die rosenfarbne Schleife;
Reicht überraschend jener
Ein angestauntes Körbchen;
Schlingt um den Nacken dieser
Die Schnur durchsicht'gen Ambra's
Wer mag mit ihr sich messen
Im anmuthsvollen Tanze?
Sie scheint Diana, wenn sie,
Von langer Jagd ermüdet,
Auf Mänals luftigen Höhen
An ihrer Nymphen Spitze
Den schönen Reigen führet;
Sie scheinet Terpsichore,
Wenn zu Apollo's Leier
Vor Delphi's heil'gem Tempel
Den Grazien und Musen
Sie neue Tänze zeiget.

Sie lächelt, wie ungläubig,
Bei der Gespielen Lobe;
Hat aber jede Haltung
Und reizende Bewegung
Der Freundinnen bemerket
Und lobet sie mit Wärme. ...
So zeiget gegen alle
Kallirhoe sich freundlich;
Doch kalt und stolz und finster
Stößt sie von sich die Liebe
Der anmuthsvollsten Hirten....
Kaum hatte nun Amintas,
Der reizendste der Hirten,
Kallirhoe von ferne
Erblickt; so naht, den Freunden,
Die ihn zurücke halten,
Entrinnend, er der Stolzen,
Und trägt im bunten Käfig,
Den künstlich er geflochten,
Zwei junge Turteltauben,
Wie sie (das hatt' ihm eine
Der Freundinnen der Schönen
Vertrauet) einmal wünschte....
Mit lauter Freude sahen
Kallirhoens Gespielen
Den schönen Schäfer kommen,
Beinah der Freundin zürnend,
Daß sie den Jüngling hasse,
Ob sie gleich oft gestanden,
Amintas sei der schönste
Und sanfteste der Hirten....

Kallirhoe, so sprach, er,
Du wünschtest dir schon lange
Zwei junge Turteltauben.

Ich irrte lange Tage
Im dunkeln Schooß der Wälder,
Bis ich ein Nest entdeckte.
Mit rastlos süßer Mühe
Gewöhnt' ich die erhaschten
Und der Genossen Nähe;
Sie folgen meinem Rufe,
Und kennen ihre Namen,
Sieh, wie sie zahm und fromm sind!
Sie werden ihre Nahrung
Aus deinen Händen picken.
Empfang' Amintas Gabe!

Doch mit erzürntem Blicke
Ließ ihn und seine Gabe
Kallirhoe da stehen....

Jetzt winkt von fern die jüngste
Der Freundinnen, den Finger
An ihre Lippen drückend,
Und auf den Zehen schleichend,
Sie möchten schnell ihr folgen.
Was sahen sie? Ermüdet
Schläft unter Rosensträuden
Auf weichem Grase Amor.
An seiner Seite liegen
Sein abgespannter Bogen,
Sein Köcher und die Binde,
Die als Gehäng ihm dienet....

Kommt, Schwestern! (sprach mit Feuer
Kallirhoe) laßt schnell uns
Hier Amors Macht zerstören!
Wir wollen seine Waffen,
Geschosse, Köcher, Bogen

Zerbrechen und vernichten;
So sind wir selbst und andre
Vor seinen Ränken sicher.
Und wie im Wahnsinn eilt sie
Hin zu dem (schönen Schläfer, und
weder auf die Bitten
Noch auf das Zürnen achtend
Der Freundinnen, entreißt sie
Dem Köcher alle Pfeile,
Und bricht mit frevlen Händen
Sie all' entzwei; versucht dann,
Ob sie des Gottes Bogen
Zu brechen nicht vermöge.
Vergeblich ist ihr Streben,
Und höhnend wirft den Bogen
Sie wieder auf die Erde,
Den voller Angst entflohnen
Gespielinnen nachfolgend.

Der Sehne Klang erweckte
Den mächtigsten der Götter,
Und als er die zerbrochnen
Geschosse sah, da drohte
Mit ausgestreckter Rechten
Der Frevlerin er Rache....

Indessen war Amintas
Genaht, und vor dem Gotte
Im Staube knieend, flehte
Demüthig er um Schonung
Für die schuldvolle Schöne ....

Da tritt der Gott zum Fleher
Mit tröstender Geberde,
Verspricht der Hirtin Gunst ihm,

Wofern er ihm gehorche....
Als alles er bejahet,
Und Amor seine Absicht
Ihm kund gethan, und was er
Selbst mitzuwirken habe;
Da schlägt ihn mit dem Bogen
Der Gott, und umgewandelt
War der reizvolle Jüngling
Zum häßlichsten der Greise.
Ihm Trost zulächelnd, eilet
Jetzt Amor weg, und winket,
Daß er von fern ihm folge ....

Selbst flog der Gott zum Orte,
Wo sich Amintas Freunde
Beim Klange süßer Flöten
Zum Reihentanze rüsten.
Denn, ihrer Angst entledigt,
Und schüchtern dem Getöne
Der sanften Flöte folgend,
Sehn jetzo die zerstreuten
Gespielinnen der stolzen
Kallirhoe sie nahen.
Kaum aber sahn die Mädchen
Nicht ferne von den Hirten
Der Liebe Gott, da wollten
Von neuem sie entfliehen.
Doch Amor selbst gebietet
Den schüchternen zu bleiben;
Und Herz zum Herzen lenkend,
Umschlingt je Hirt und Hirtin
Das füße Band der Liebe.

Verweilet hier, sprach Amor,
Bis einer meiner Pfeile

Das Zeichen euch gegeben,
Mir auf dem Weg, den jetzo
Ich nehme, nachzufolgen.

Des Gottes Anblick raubte
Ein Busch jetzt ihren Augen....

Dort wandelte voll Stolzes
Kallirhoe. Da schwirrte
Von Amors finsterm Bogen
Ein ehrner Pfeil, von jenen,
Die in des Köchers Tiefe
Der Gott auf seltne Fälle
Verwahrt: der Rache Pfeile,
Bestimmt des Gottes Hoheit
An Frevlern schwer zu rächen.
Auch sie erwecken Liebe,
Doch die an Wahnsinn gränzet.

Kallithoe, die anfangs
Bewegungslos gestanden,
Scheint wie aus einem Traume
Erwachend, und erröthet
Beim schreckenden Gedanken
Der schnellen, nie geahnten
Verwandlung ihres Herzens.
Empfindungen die früher
Bei andern sie ungläubig
Verlacht, erheben stürmisch
Sich im sonst stillen Busen.
Als hab' ihr halbes Dasein
Man ihr geraubt, so däucht ihr.
Unruhig und bekümmert
Irrt sie umher; da stößt sie
Auf einen greisen Hirten.

Als fände den entrißnen,
Beweinten, aufgegebnen
Geliebten sie nun wieder,
Eilt hastig sie auf ihn zu;
Rasch und doch schüchtern faßt sie
Des Greises Hand, der sanft sich
Erwehrt. Es schwebt der Ausdruck
Der Liebe unverkennbar
In ihrem starren Auge,
Schwebt auf der glüh'nden Lippe.
Mit zärtlichen Verweisen
Zeigt ihr der Greis des Hauptes
Gebleichtes Haar, die blasse
Und eingesunkne Wange.
Doch mit dem Widerstande
Wächst ihrer Liebe Flamme.
Schon breitet, ihrer Sinne
Nicht mächtig mehr, die Arme
Sie nach ihm aus ....

Da schallet
Der laute Klang der Flöten
Nah hinter ihrem Rücken.
Die Hirten tragen Amorn
Auf einem Blumenschilde,
Umtanzet von den Bräuten
Der Jünglinge, die ehemals
Kallirhoe verachtet,
Jetzt unwillkommne Zeugen
Des tiefen Falls der Spröden....

Hier seht ihr Amors Allmacht,
Und sehet Amors Rache!
Spricht mit der stolzen Rechten

Auf sie vor Scham erblaßte
Kallirhoe hinweisend,
Der mächtigste der Götter....

Wie weidet an der Stolzen
Erniedrigung sich sichtbar
Der Jünglinge gereizte
Rachsüchtge Eigenliebe!....

Voll Mitleids aber flehen
Die Hirtinnen den strengen
Erboßten Sohn Cytherens:
O laß die schwere Ahndung
Der Freundin dir genügen;
Straf' eines Augenblickes
Leichtsinniges Vergehen
Nicht als ein vorbedachtes
Absichtliches Verbrechen.

Gerührt von ihren Thränen
Berührt den Greis er leise
Mit seinen goldnen Flügeln,
Und wieder umgeschaffen
Zum anmuthsvollen Jüngling
Erscheint jetzt Amintas.

Wie eingewurzelt stehen
Sie alle vor Erstaunen,
Als diese unverhoffte
Verwandlung sie sehen.
Dem Staunen folget Wonne;
Und reuig zu den Füssen
Des Gottes hingegossen

Dankt und gelobet Liebe
Kallirhoe dem Hirten.

Das Prachtboot

Seht ihr dort jenen Nachen
Mit purpurfarbnen Segeln
Und silberblanken Rudern ?
Es flattern Blumenflechten
Um Mast und Bord und Tauwerk.
Nur Amorn oder eines
Von den Geschwistern Amors
Kann dieser Nachen tragen.
Doch seh'ich nicht den Schiffer.
Vielleicht daß, im Vertrauen
Auf freundliche Zephyre,
Auf einem Rosenlager
Er ausruht oder schlummert.

Bist du der Gott der Liebe,
O so sei uns willkommen ,
Und land' an unsrer Küste,
Bereit dich zu empfangen !
Sieh hier ein Myrtenwäldchen ,
Dort eine kühle Grotte,
Und jedes Herz dir offen !

Es schlummern alle Ruder,
Doch Zephyrs Odem lenket
Das Boot an unser Ufer.
Kommt, Freunde, laßt uns Amorn
Aus seinem Schlummer wecken.

Wach' auf, o Gott der Liebe !
Verlaß dein Rosenlager !

Du nahst dem Ufer, öffne
Das schöne Aug' und siehe ! —
Es werden diese Augen
Sich bald auf immer schließen

Um eines Mädchens Blicke
Auf mich zu ziehn, durchschifft' ich
Die See in diesem Boote.
Sein Reichthum lockte Räuber
Herbei; sie nahmen alle
Ihr zugedachten Gaben,
Und schlugen diese Wunden.
Kein Purpursegel flattre,
Rein Silberruder prange
Um dich, willst du gefahrlos
Des Lebens Fahrt vollenden .
Ich aber sterbe ; möge
Mein Unfall euch belehren.
Lebt wohl, und denket meiner !

Hesiods Fest

Haucht mir ein Lied ein, Musen,
Kronions hohe Töchter !
Das euer und der Nähe
Des Berges würdig scheine,
Den ihr zum Lieblingssitze
Vor allen andern wähltet.

Denn schwebet ihr zuweilen
Zum hohen Pindus nieder,
Dem Könige der Berge,
Und zu den Zwillingsgipfeln

Des göttlichen Parnasses,
Den heil'gen Quell umtanzend

So kehrt ihr dennoch immer
Zum Helikon, voll Sehnsucht
Nach seinen Schattenthälern,
Nach seinen Wonnaussichten,
Und euerm hehren Tempel,
Und unserer Verehrung.

Denn seit auf diesen Höhen
Ihr Hesiod erschienet,
Und ihr, ein schönes Lied
ihm zu lehren, euch herabließt;
Tönt euer Lob aus allen
Umgebungen des Berges.

Sosang beim Schein der Dämmrung,
Im Haine bei dem Denkmal
Des Hesiods, Korinne,
Der Musen Gunst erflehend.

Sei uns gegrüßt, o Schatten
Des lieblichsten der Sänger,
Den schon als Kind die Musen
Zum Liebling sich erkoren

So sangen sie, dem Tempel
Sich festlichlangsam nähernd.

Jetzt bildeten sie alle,
In einiger Entfernung
Vom alterschönen Tempel,
Wie einen großen Halbmond.

Da nahmen Knaben, Mädchen,
Und Jünglinge und Jungfraun
Aus ihrer Eltern Händen
Die schönen Opfergaben:
Des KirschbaumsPurpurfrüchte,
Die nektarsüße Birne,
Die Erstlinge der Ernte,
Und Milch und Wein und Honig;
Dann nahen sie dem Tempel ,
Auf dessen Stufenreihe
Mit Ehrfurcht sie die Gaben
In schöngeflochten Körben
Und schnitzwerkreichen Schalen
Schön ordnend niedersetzen;
Und zu der Flöten Klange
Ertönet jetzt
ihr Chorlied;

Empfange, heil'ger Schatten,
Wohlthäter dieser Gegend,
Aus unsern jungen Händen
Des Dankes reine Gaben !

Was durch Gesang und Beispiel
Der Mitwelt du gelehret,
Übt emsig noch die Nachwelt,
Dir ihren Wohlstand dankend.
Wie einem Gotte bringen
Dir jedes Jahr wir Opfer,
Und wissen wohl, daß deshalb
Die Götter uns nicht zürnen.

Wer Menschenglück befördert,
Macht sich zum Freund der Götter,

Die gerne sehn, wenn dankbar
Die Nachwelt ihn verehret.

Seit du der Erd' entflohen,
Theilst du des Mahles Freuden
Mit ihnen, zwischen Ceres
Gelagert und den Musen.

Als ihren Lobgesang sie
Geendet, und sich alle
An ihrer Eltern Seite
Zurück begeben hatten;
Da trugen aus dem Tempel
Zwei Jünglinge den Dreifuß,
Den Hesiod, so gehet
Die Sage, einst zu Chalcis
Im Wettstreit mit Homeros Errang.
Ein grundlos Mährchen!
Nie wagte mit Homeros,
Dem Könige des Liedes,
Ein Sänger sich zu messen.
Als sich an Chalcis Feste
Homer, von einem Knaben
Geführt, dem Kampfplatz nahte;
Da traten alle Sänger,
Auch Hesiod, zurücke.

Doch kaum hatt' er vernommen,
Es zeige sich kein Gegner,
Da sprach zu seinem Führer
Der königliche Dulder:
Verlassen schnell, o Kind, wir
Den Kampfplatz wieder, um nicht
Die allgemeine Freude
Zu stören. Da begannen

Die Kämpfe des Gesanges,
Und Hesiod besiegte
So viel sich Gegner zeigten;
und eine goldne Schale
Ward ihm und dieser Dreifuß.
Mit Ehrfurcht aber naht' er
Dem lichtberaubten Greise,
Und flehet ihn, die Schale
Aus seiner Hand zu nehmen.
Da floß ein heitres Lächeln
In die sonst ernsten Züge
Des grambeladnen Greises.

Als in des Halbmonds Mitte
Die Jünglinge den Dreifuß
Nun hingestellt, da riefen
Mit einmal viele Stimmen.
Korinne!....

Und erröthend
Erscheinet, mit der Leier
Im Arme, sie zur Linken
Des Tempels, an dem
Eingang schönwölbender Gebüsche,
Wo hohe Kunst in Marmor
Den Sänger und die Musen,
Die ihm erscheinen, darstellt.
Jetzt läßt sie auf den Dreifuß
Sich nieder, und bemächtigt
Mit wenigen Akkorden
Des Ohres sich der Menge.
Dann hebt sie so ihr Lied an:

Auf fernem Meere sichtbar,
Erhub in wilder Schönheit

Bis an den Saum der Wolken
Das Haupt sich dieses Berges ;
Doch seinen Fuß umgaben
Hier tiefer Sümpfe Gifthauch,
Da nackte Hügelreihen,
Dort wildverwachsne Wälder.

Da naht ein schwarzes Meerschiff
Der Mündung des Ereufis,
Und segelte stromaufwärts
Längs Thisbe's Hügelkette;
Mit Wonne sah der Schiffer
Am Fuß des Riesenberges
Den lieblichsten der Seeen
In niedrer Berge Mitte.

Leb' wohl, o Meer, so sprach er,
Hier end' ich meine Tage,
Der schätzestolzen Cyma'
Undankbarkeit vergessend.
Dies sumpfig Waldgebirge
Ist der Veredlung fähig;
Nicht so der Mensch, wenn Reichthum
Und Glück ihn schon verdorben.

Da steigt er an das Ufer,
Und fleht um Schutz die Götter
Der Gegend an, und bauet
Die erste niedre Hütte
Da, wo nun Astra pranget;
Bezähmet dann durch Feuer
Die widerspenst'ge Waldung,
Die bald von Ernten woget.

Indeß an Felsenhängen
Duftvoller Kräuter Fülle
Die kühne Ziege nähret,
Verspricht der Sumpf den Rindern,
Die ihn nach Luft durchwaten,
Schon für den nächsten Frühling
Die köstlichste der Weiden,
An Kleee reich und Quenbel.

Nicht fern vom Seee lehnen
Vier anmuthsvolle Hügel
Sich an zwei hohe Berge,
Gleich Kindern, die, vom Spiele
Ermüdet, auf den Knieen
Der Eltern friedlich schlummern.
Hier senket er die Rebe
In sonnenreichen Boden.

Auf jener freien Ebne,
An Quellen reich, und gegen
Des Nordes kalten Odem
Geschützet, sieht die Wüste
Mit freudiger Verwundrung
Des jungen Fruchtbaumhaines
Mit Gold beladne Häupter
Sich in die Luft erheben.

Es schien, als wolle künftig
Auf Askra's bunten Auen
Die Blumengöttin wohnen,
So viele Blumen sprossen
Rings um des Gründers Wohnung;
Da siedelten um Askra,
Dem wilden Wald' entwandernd,
Sich Bienen an in Schwärmen.

Die Schaar der Frühlingssänger
Auf ihrem luft'gen Zuge
Wähnt Tempe's Thal zu sehen,
Und senkt, von so viel Reizen
Bezaubert, hier sich nieder.
Harmonisch, wie am Grabe
Des Orpheus, ertönen hier
Nachtigallgesänge.

Doch schöner noch enttönten
Den lämmerreichen Hügeln
Bald Hesiod's Gesänge.
Als zartes Kind schon wählten
Zum Liebling ihn die Musen,
Oft, wenn er schlief, als Bienen
Um seine Wiege flatternd,
Und ihn mit Honig nährend.

Wenn in der Eiche Schatten
Am Wasserfall der Knabe
Sein anmuthsvolles Lied sang:
Verstummten alle Vögel,
Das Schaf vergaß die Weide,
Ihm horcht die kühne Ziege
Vom Felsabhang, ihm horchet
Der Stier im tiefen Sumpfe.

Auf einem weitgesehnen,
Mit Bäumen und Gesträuche
So dicht verwachsnen Hügel,
Daß alles nur Ein Busch schien,
Ersann der fromme Jüngling,
Mit starkem Arm die Schärfe

Des Stahles künstlich lenkend,
Den Musen einen Tempel

Aus lebendem Gehölze,
Das jährlich sich erneuert,
Das jährlich sich verschönert,
Aushöhlend zu bereiten,
Ein Denkmal seines Dankes.
Noch jetzt erblickt der Hirt oft
Mit heiligem Erbeben
Die Musen in dem Tempel.

Einst, von der Gluth des Tages
Erschöpfet, war an einem
Der hohen Wasserfälle
In eines Ahorns Schatten
Er sinnend eingeschlummert;
Da sah er beim Erwachen
Auf einem Goldgewölke
Die Musen vor sich stehen.

Geblendet von dem Glanze
Der Himmlischen, kann kaum er
Der Erde sich entraffen.
Da sprach mit sanfter Stimme
Kalliope: Du ehrest
Die Götter, und es ehren
Die Götter dich. Vernimm jetzt,
Wozu sie dich bestimmen.

Nur Gottesfurcht und Arbeit
Kann Menschen glücklich machen.
In lieblichen Gesängen

Zu beiden sie ermahnen,
Ist dein Beruf. Wir selber
Enthüllen dir in Träumen
Der hohen Götter Abkunft
Und Rang und Macht und Ehren;

Enthüllen dir die Kämpfe
Der Riesen mit den Göttern,
Und des Kroniden Siege,
Der Riesen ehrnen Kerker
Mit ewigfesten Thoren,
Vor denen, nimmer tagend,
Die schwarze Nacht sich lagert,
Den Göttern selbst ein Schrecken.

Du aber sing' in einfach
Anmuthigem Gesange
Den Hirten jener Ebnen:
Wie mit der trot'gen Wildniß
Dein Vater rang, des Sumpfes
Gifthauchend Ungeheuer
Entseelte, das verwesend
Zur Blumenwiese wurde;

Die pfadlos - alte Waldung
Der Muth der Flamme Preis gab,
Aus deren schwarzer Asche
Die goldne Saat hervorging;
Den nackten Sonnenhügel
Mit Nebenkränzen schmückte;
Des Fruchthains zarte Schösse
Mit Ammenliebe großzog.

Und übe, was du singest.
Bald werden die Umwohner

Des umfangreichen Berges
Wie Kinder dir nachahmend,
Auf ihre jungen Äcker
Demeters goldnen Samen,
Neugierig hoffend, streuen,
Und Bakchos Rebe pflegen.

Dich selber aber werden
Wie einen Gott sie ehren,
Altäre dir errichten,
Und Tempelhaine weihen,
Und nach vollbrachter Ernte
Sich deinem Denkmal nahend,
Mit Früchten es umstellen,
Die du zuerst erzogen.

Zum Zeichen seiner Weihe
Und ihres Beistands reichte
Sie einen Lorbeerzweig ihm
Süßlächelnd hin. Da hüllet
Ein immer dichter werdend
Gewölf fie ein, und raubte
Dem tieferstaunten Jüngling
Der Himmelstöchter Anblick. —

Hier endete Korinne.
Da zeigten die Bewohner
Der meerbespülten Tipha,
Der taubereichen Thisbe
Bereits sich auf den Höhen
Der nahgelegnen Hügel,
Und grüßten aus der Ferne
Die Ruhestatt des Sängers.

Lang vor der Sonne Aufgang
Verließen sie die Heimath,
Am allgemeinen Feste
Der Gegend Theil zu nehmen.
Cyanen und des Mohnes
Hochrothe Blumen schmücken
Den hohen Rand der Wagen,
Mit Opfergaben prangend.

Die junge Milch an Weiße
Und Glanz besiegend, schreiten
Die heut nicht trägen Stiere
Einher mit goldnem Joche
Und schönbekräntzten Hörnern,
Den festlichschmucken Führern
Des Treibens Müh' ersparend.
Des Meeres zartem Schaume
Vergleichbar, nahen Lämmer
Jetzt schaarenweis, an Bändern
Geführt von frommen Kindern;
Indeß die jahrereichern
Und stärkeren Gespielen
Die unlenksamen Ziegen
Mit Mühe nur bemeistern.

Die Mutter in Tempe

Hier wo, wie einst Athene
Dem Haupte des Kroniden,
Olympos Herrscherstirne
Die Morgensonn' entsteiget;

Und strahlend, hinter Pindus
Mit Schnee bekränzten Kuppen,

Sie auf ein Bett von Rosen
Mit Gold durchwebt, sich senket;

Hier wo rings, nah und ferne,
In lauen Ambradüften
Harmonischere Lieder
Die Nachtigallen flöten;

Hier wo, wie Well' auf Welle,
Sich drängend Blum' auf Blume,
Sich drängend Frücht auf Früchte
Einander ewig folgen;

In diesem Götterthale,
Das, Freundes Rathe folgend,
Des langen Wanderns müde,
Ich endlich vor mir sehe;

Auch hier find' ich nicht Ruhe !
Nur Peneus Seufzer hör' ich,
Und seh' ihn seiner Daphne
Nun rauhe Füße küssen.

Im Lauf der Zeit versiegen
Vielleicht die heißen Thränen
Der Braut um den Geliebten,
Der Gattin umden Gatten;

Doch keine Zeiten stillen
Die Thränen einer Mutter,
Der, taub zu ihrem Flehen,
Der Tod ihr letztes Kind raubt.

1. Band	K.F.v.G. Leben und Werk Elisabeth Kulmanns, 1. Teil
2. Band	E.K. Gedichte, Gemäldesammlung, Saal 1 – 12
3. Band	E.K. Gedichte, Gemäldesammlung, Saal 13 – 24
4. Band	E.K. Poetische Versuche 1. Teil Anakreons Lieder, Blumenkranz und Korinnens Gedichte
5. Band	K.F.v.G. Leben und Werk Elisabeth Kulmanns, 2. Teil
6. Band	E.K. E.K. Poetische Versuche
7. Band	E.K. E.K. Poetische Versuche 2. Teil